BEI GRIN MACHT SICH IHR WISSEN BEZAHLT

- Wir veröffentlichen Ihre Hausarbeit, Bachelor- und Masterarbeit

- Ihr eigenes eBook und Buch - weltweit in allen wichtigen Shops

- Verdienen Sie an jedem Verkauf

Jetzt bei www.GRIN.com hochladen und kostenlos publizieren

Bibliografische Information der Deutschen Nationalbibliothek:

Die Deutsche Bibliothek verzeichnet diese Publikation in der Deutschen National-
bibliografie; detaillierte bibliografische Daten sind im Internet über http://dnb.d-
nb.de/ abrufbar.

Dieses Werk sowie alle darin enthaltenen einzelnen Beiträge und Abbildungen
sind urheberrechtlich geschützt. Jede Verwertung, die nicht ausdrücklich vom
Urheberrechtsschutz zugelassen ist, bedarf der vorherigen Zustimmung des Verla-
ges. Das gilt insbesondere für Vervielfältigungen, Bearbeitungen, Übersetzungen,
Mikroverfilmungen, Auswertungen durch Datenbanken und für die Einspeicherung
und Verarbeitung in elektronische Systeme. Alle Rechte, auch die des auszugsweisen
Nachdrucks, der fotomechanischen Wiedergabe (einschließlich Mikrokopie) sowie
der Auswertung durch Datenbanken oder ähnliche Einrichtungen, vorbehalten.

Impressum:

Copyright © 2020 GRIN Verlag
Druck und Bindung: Books on Demand GmbH, Norderstedt Germany
ISBN: 9783346256867

Dieses Buch bei GRIN:

https://www.grin.com/document/932981

Thomas-Alberto Wuchinger

Der Chinesische Corporate Governance Kodex im Wandel

Eine kritische Analyse der aktuellen Fassung

GRIN Verlag

GRIN - Your knowledge has value

Der GRIN Verlag publiziert seit 1998 wissenschaftliche Arbeiten von Studenten, Hochschullehrern und anderen Akademikern als eBook und gedrucktes Buch. Die Verlagswebsite www.grin.com ist die ideale Plattform zur Veröffentlichung von Hausarbeiten, Abschlussarbeiten, wissenschaftlichen Aufsätzen, Dissertationen und Fachbüchern.

Besuchen Sie uns im Internet:

http://www.grin.com/

http://www.facebook.com/grincom

http://www.twitter.com/grin_com

Universität Duisburg-Essen

Campus Duisburg

Fakultät für Betriebswirtschaftslehre

Masterarbeit (4-Monats-Arbeit)

zur Erlangung des Grades eines

Master of Science in Accounting and Finance

über das Thema

Der Chinesische Corporate Governance Kodex im Wandel

Eine kritische Analyse der aktuellen Fassung

von Thomas-Alberto Wuchinger

20.07.2020

Inhaltsverzeichnis

Abkürzungsverzeichnis

ACGA	Asian Corporate Governance Association
AG	Aktiengesellschaft
AR	Aufsichtsrat
BIP	Bruttoinlandsprodukt
CAPCO	China Association for Public Companies
CCGK	Chinesischer Corporate Governance Kodex
CEO	Chief Executive Officer
CEPII	Centre d´Études Prospectives et d´informations internationales
CIMA	The Chartered Institute of Management Accountants
CSRC	China Securities Regulatory Commission
DCGK	Deutsche Corporate Governance Kodex
GesG	Gesellschaftsgesetz
GIGA	German Institute of Global and Area Studies
HV	Hauptversammlung
i.V.m.	in Verbindung mit
IKRS	internes Kontroll- und Risikomanagementsystem
KPC	Kommunistische Partei Chinas
NASDAQ	National Association of Securities Dealers Automated Quotations
OECD	Organisation für wirtschaftliche Zusammenarbeit und Entwicklung
QFIIS	qualifizierte ausländische institutionelle Anleger
RCCGK	Regierungskommission Deutscher Corporate Governance Kodex
RMB	renminbi (Chinese yuan)

SA	Satzungsanleitung
SASAC	Kommission zur Kontrolle und Verwaltung von Staatsvermögen
SCGC	Singapore Corporate Governance Code
SOE	staatseigene Betriebe
SWM	Sozialistische Marktwirtschaft
VR	Volksrepublik
WpG	Wertpapiergesetz
WTO	Welthandelsorganisation

Abbildungsverzeichnis

1 Einleitung

Als Reaktion auf die weltweite Corporate Governance (CG) Krise Anfang der 2000er Jahre hat die China[1] Securities Regulatory Commission[2] (CSRC) in Kooperation mit der State Economic and Trade Commission[3] (SETC) den Chinesischen Corporate Governance Kodex (CCGK) – unter Berücksichtigung der G20/OECD-Grundsätze der CG aus dem Jahr 1999 – ausgearbeitet und am 07. Januar 2002 veröffentlicht (Jiang & Kim, 2015; Pißler, 2002; Xing, 2003). Mit diesem CG Meilenstein verfolgte die chinesische Regierung das Ziel, die CG börsenzugelassener Gesellschaften an das internationale Niveau anzupassen, um damit die Glaubwürdigkeit und das Vertrauen in den chinesischen Kapitalmarkt[4] zu stärken. Seitdem ist der CCGK neben dem Gesellschaftsgesetz (GesG)[5] und dem Wertpapiergesetz[6] (WpG) das wesentliche CG-Rahmenwerk für die Leitung und Überwachung börsenzugelassener Gesellschaften in China (§ 1 CCGK). Dennoch stellten in der Vergangenheit Stakeholder der adressierten Gesellschaften mitunter in Frage, ob der CCGK seinen Anspruch auch mit Substanz füllt (Blaurock, 2009; Lin, 2019; Pißler, 2002; Xing, 2003). Hauptursache für die Akzeptanzprobleme ist die mangelnde Praxisrelevanz des CCGK, die sich in seiner nicht rechtlich verpflichteten Anwendung manifestiert. So fehlen z. B. Sanktionsmaßnahmen bei Nichtbefolgung der Bestimmung des CCGK (Audit Committee Institute, 2014).

Um die bestehende Diskrepanz hinsichtlich der Stakeholder CG-Anforderungen zu aufzulösen, veröffentlichte die CSRC in Zusammenarbeit mit der China Association for Public Companies[7] (CAPCO) nach 16-jähriger Überarbeitungspause am 15. Juni 2018 einen finalen Entwurf des CCGK. Die Ausarbei-

---

[1] In dieser Arbeit wird der Begriff China synonym für VR China verwendet. Das chinesische CG System wird exklusive der Territorien Hongkong, Macau und Taiwan betrachtet.

[2] Chinesische Wertpapieraufsichtskommission, Hintergrundinformationen zur CSRC sind auf der Website abrufbar: http://www.csrc.gov.cn/pub/csrc_en/.

[3] Staatliche Wirtschafts- und Handelskommission. Hintergrundinformationen zur SETC sind auf Website des chinesischen Handelsministeriums abrufbar: http://english.mofcom.gov.cn.

[4] Im internationalen Vergleich belegt die aggregierte Marktkapitalisierung der chinesischen Börsen Shanghai und Shenzhen Platz drei. Die New Yorker Börse ist nach wie vor die größte Börse, gefolgt von der NASDAQ US (OECD, 2019a). Damit lässt sich gleichzeitig nachvollziehen, dass Unternehmen, denen eine bessere Corporate Governance seitens der Investoren zugeschrieben wird, grundsätzlich über eine höhere Marktbewertung verfügen (Bai et al., 2004).

[5] Letztmalig im Jahr 2018 überarbeitet (OECD, 2019a).

[6] Letztmalig im Jahr 2019 überarbeitet (Lawinfochina, 2020).

[7] Die CAPCO ist die Nachfolgeinstitution der ehemaligen staatlichen SETC.

tung des Entwurfs erfolgte in Anlehnung an die G20/OECD-Grundsätze der CG aus dem Jahr 2015. Im Rahmen der vierwöchigen Konsultationsfrist wurden Stakeholder Stellungnahmen eingeholt und verarbeitet. Die endgültige Fassung des CCGK[8] wurde am 1. Oktober 2018 erlassen. Die aktuelle Fassung des CCGK soll wesentliche Schwachstellen der bisherigen Version bereinigen, um damit den gestiegenen Akzeptanzproblemen entgegenzuwirken und weiterhin das maßgebliche CG-Rahmenwerk zur CG verkörpern (ACGA, 2018a, 2018b).

Die vorliegende Abschlussarbeit wird die aktuelle Fassung des CCGK auf Grundlage der G20/OECD-Grundsätze der CG aus dem Jahr 2015 unter Einbeziehung von Meinungsbildern beteiligter Interessengruppen, wie Stakeholdern und Forschungsstellen, kritisch analysieren. Damit wird gleichzeitig die Forschung von Violet Xing aus dem Jahr 2003 fortgesetzt und darüber hinaus wirtschaftswissenschaftliche Neuerkenntnisse in Bezug auf den CCGK generiert.

Diese Abschlussarbeit gliedert sich in sechs Kapitel. Der Einleitung folgt in Kapitel zwei und drei ein kursorischer Überblick über die theoretischen Grundlagen zur CG sowie über CG-Spezifika in China. Darauf aufbauend werden in Kapitel vier allgemeine und substanzielle Eckpunkte der CCGK inhaltlich beschrieben, um anschließend auf Grundlage der G20/OECD-Grundsätze der CG und zusätzlich aus Sicht relevanter Stakeholder und Forschungsstellen kritisch gewürdigt zu werden. Nachfolgend werden in Kapitel fünf Best-Practice Handlungsempfehlungen zur künftigen Überarbeitung des CCGK ausgesprochen, die auf den Darlegungen aus Kapitel vier basieren. Abschließend wird ein Fazit über die erarbeiteten Erkenntnisse zur Wahrnehmung der aktuellen Fassung des CCGK im Anwenderkreis folgen und die Quintessenz der Handlungsempfehlungen kompakt wiedergegeben, sodass dem Leser ein Ausblick auf die zukünftige Rolle des CCGK für die CG in China ermöglicht wird.

Der sprachlichen Einfachheit halber wurde für personenbezogene Bezeichnungen in dieser Arbeit nur die männliche Form (z. B. Vorstandsvorsitzender, Manager usw.) verwendet. Gemeint sind jedoch immer sowohl männliche als auch weibliche und diverse Vertreter und Vertreterinnen der durch die Ausdrücke bezeichneten Personengruppen.

---

[8] Die aktuelle Fassung des CCGK ist unter folgender Internetadresse abrufbar: http://www.csrc.gov.cn/pub/csrc_en/laws/rfdm/DepartmentRules/201904/P020190415336431477 120.pdf.

2 Theoretische Grundlagen zur Corporate Governance

2.1 Definition der Corporate Governance

Die Praxis und die zugrundeliegende Problemstellung mit dem sich die CG auseinandersetzt ist so alt wie der Handel selbst. Demzufolge kann lediglich der Terminus CG als neuzeitlich eingestuft werden (Tricker & Li, 2019; Tricker 2019). Einer der ersten Ökonomen, die sich der Problematik, die aus Trennung von Eigentum und Kontrolle resultiert, annahm, war Adam Smith, der in seinem Werk „An Inquiry into the Nature and Causes of the Wealth of Nations" konstatierte, dass an Manager delegierte Verantwortung für den Betrieb nicht mit derselben Wachsamkeit ausgeübt wird, als wenn diese durch die Eigentümer des Betriebs selbst ausgeübt wird (Lehmann, 2018). Knapp zwei Jahrhunderte später ist CG als Konzept und als Problembereich erst Ende der 1970er Jahren zunächst in den Vereinigten Staaten von Amerika diskutiert worden. Von da aus gelangte die Debatte um CG in den europäischen Wirtschaftsraum. Hierbei ist Großbritannien als erste Nation auszumachen, die Themenstellungen betreffend der CG bereits 1992 seriös durch den Cadburry CG Kodex adressierte. Diesem Vorbild folgten alsbald alle modernen Industriestaaten einschließlich Japan und China mit der Verabschiedung ihrer jeweiligen nationalen CG Kodizes (Hopt, 2011; Paetzmann, 2008; Tricker & Li, 2019).

Allerdings liegt dem Terminus CG de facto keine einheitliche Universaldefinition zugrunde. Zudem existiert bis dato kein einheitliches CG-Modell, was hauptsächlich daran liegt, dass das jeweilige nationale CG-Modell durch historische, kulturelle, politische, rechtliche und wirtschaftliche Parameter determiniert wird. Darüber hinaus lässt sich aus einem wissenschaftlichen Blickwinkel heraus keine einheitliche und umfassende Theorie zur Beschreibung und Erklärung der CG-Problematik nachweisen. Die Praxis der CG-Forschung erfolgt derzeit noch sehr silobasiert, was sich u. a. daran erkennen lässt, dass die CG-Problematik Zugang in verschiedene Forschungsdisziplinen findet, wie z.B. Rechnungswesen, Soziologie, Politikwissenschaften und auch die Philosophie. Dies ist der eigentliche Schwachpunkt der gegenwärtigen CG-Forschung, da ein silobasierter Forschungsansatz niemals in der Lage sein wird, eine Themenstellung fundiert theoretisch zu begründen und umfassend empirisch zu erforschen (OECD, 2015; Tricker & Li, 2019; Welge & Eulerich, 2014; Xing 2003).

Nichtsdestotrotz lassen sich in der CG-Forschung und Praxis weit verbreite-te und anerkannte Definitionsansätze zur Beschreibung der CG-Problematik fin-den. Eine der bekanntesten Definition von CG geht auf Shleifer und Vishny (1997) zurück, die die CG-Definition primär auf Shareholderinteressen ausrichten, wohingegen Zingales (1998) Stakeholderinteressen als notwendige Parameter in die CG-Ausrichtung miteinschließt. Damit entspricht die Definition von Shleifer und Vishny (1997) dem CG-Charakter angelsächsischer Ländern mit ihrem star-ken Fokus auf den Schutz der Aktionäre, während die Definition von Zingales (1998) in Kontinentaleuropa verbreitet ist (Lehmann, 2018). Des Weiteren verste-hen Welge und Eulerich (2014, S.7) „unter CG den faktischen und rechtlichen Ordnungsrahmen von Unternehmen, der eine gute und ordnungsgemäße Unter-nehmensführung, -kontrolle und -überwachung im Sinne aller Shareholder und Stakeholder gewährleistet und unterstützt." Aus Sicht der Organisation für wirt-schaftliche Zusammenarbeit und Entwicklung (OECD) (2015, S.9) ist wiederum der „Gegenstand der Corporate Governance das Geflecht der Beziehungen zwi-schen der Geschäftsführung eines Unternehmens, seinem Aufsichtsorgan (Board), seinen Aktionären und den anderen Unternehmensbeteiligten (Stakeholdern). Die Corporate Governance liefert zudem den strukturellen Rahmen für die Festlegung der Unternehmensziele, die Identifizierung der Mittel und Wege zu ihrer Umset-zung und die Modalitäten der Erfolgskontrolle."[9]

2.2 Charakteristika des monistischen und dualistischen Modells

Eine nähere Betrachtung der weltweit praktizierten CG-Modelle lässt feststellen, dass erhebliche Divergenzen in den Prinzipien und Praktiken der CG verschiede-ner Länder bestehen. Dies hat die Bildung westlicher und östlicher CG-Ansätze zur Konsequenz. Demzufolge kann der westliche CG-Ansatz in drei verschiedene Modelle unterteilt werden, wohingegen sich beim östlichen CG-Ansatz drei Grundmodelle herauskristallisiert haben. Das chinesische CG-Modell stellt hierbei eine Sonderform dar (Tricker & Li, 2019).

---

[9] Daneben existieren eine Reihe weiterer prononcierter Definitionsansätze zur Beschreibung des CG Phänomens, auf die im Rahmen dieser Arbeit nicht näher eingegangen werden soll, da sie von ihrer Fragestellung nicht erfasst werden.

Abbildung 1 gibt einen Überblick über die westlichen und östlichen CG-Modelle[10]:

Westliche CG-Modelle	Östliche CG-Modelle
• Das regelbasierte Modell der Vereinigten Staaten • Das prinzipienbasierte Modell Großbritanniens ➔ **Monistische CG-Modelle**	• Das asiatische Familienmodell • Das Keiretsu-Modell in Japan • Das Chaebol-Modell in Südkorea
• Das kontinentaleuropäische Two-Tier Modell ➔ **Dualistisches CG-Modell**	• **Das chinesische CG-Modell** (Sonderform - wird in Kapitel 3.3 behandelt)

Abbildung 1: Westliche und östliche CG-Modelle (Eigene Darstellung)

01) Das monistische CG-Modell

In der Praxis wird das angelsächsisch geprägte monistische Modell der CG auch als One-Tier System bezeichnet. Hauptgrund hierfür ist die Bündelung der Führungs- und Überwachungskompetenzen der Gesellschaft in einem von Anteilseignern gewählten Organ, dem Board of Directors. Aufgrund der einseitig von Anteilseignern ausgehenden Wahl des Board of Directors erfolgt die Ausrichtung der Unternehmensführung und –überwachung ausschließlich im Sinne der Interessen der Anteilseigner. Da anderweitige Stakeholder in der Wahl des Board of Directors nicht involviert sind, werden deren Interessen auch nur nachrangig berücksichtigt (Block & Gerstner, 2016; Kuck, 2006).

Mit Blick auf die innere Arbeitsteilung des Boards lassen sich zwei unterschiedliche Gruppen von Directors identifizieren: Die Leitungsfunktion der Gesellschaft geht von unternehmensinternen Inside-Directors aus, wogegen die unternehmensexternen Outside-Directors Kontrollaufgaben übernehmen. Üblicherweise werden Inside-Directors im Rahmen einer Vollzeitbeschäftigung angestellt, um die Intensität sowie das Ausmaß der Arbeitsbelastung, die mit operativer Geschäftsführung einhergehen, auch im Sinne der Gesellschaft zu erfüllen. Demgegenüber sind Outside-Directors nicht in Vollzeit beschäftigt. Sie stellen die Mehrheit der Mitglieder im Board dar. Die Unabhängigkeit der Outside-Directors muss zwingend gewahrt werden, da diese als Kontrollorgan des Managements fungieren (Kuck, 2006; Zipperlin, 2012).

---

[10] Länderspezifische Besonderheiten in Bezug auf die jeweilige Ausgestaltung des monistischen und dualistischen CG-Modells werden im Rahmen dieser Abschlussarbeit nicht betrachtet.

Außerdem wird zwischen dem Chief Executive Officer (CEO) und dem Chairman of the Board unterschieden. Ersterer gehört zur Gruppe der Inside-Directors und wird einstimmig als Geschäftsführer vom gesamten Board zur operativen Leitung der Gesellschaft bevollmächtigt. Damit vertritt der CEO die Gesellschaft nach außen. Letzterer ist ebenso Teil der Inside-Directors und wird mehrheitlich von den Boardmitgliedern gewählt. Zusätzlich ist dem Chairman of the Board die Leitung der Gesellschaft nach innen übertragen (Kuck, 2006; Zipperlin, 2012). An dieser Stelle ist festzuhalten, dass sich bedingt durch die Möglichkeit der Personalunion von CEO und Chairman of the Board ein erhebliches Machtpotenzial auf einen Inside-Director konzentrieren kann (Welge & Eulerich, 2014). Die Mehrzahl der CG-Codes, die einen Best-Practice Charakter aufweisen, empfehlen daher die personelle Trennung von CEO und Chairman of the Board (Tricker, 2019).

Was die Bestellung und Abberufung von Boardmitgliedern betrifft, so erfolgt diese im jährlichen Turnus während der Shareholder Meetings (Zipperlin, 2012). Davon unabhängig werden die Boardmitglieder auf Basis ihrer Fachkompetenz und Stellung im Board bestimmten Ausschüssen zugeteilt. Damit bedienen verschiedene Ausschüsse spezifische Aufgabenfelder und bewirken insgesamt eine Effizienzsteigerung der Arbeit des Board of Directors. So ist beispielsweise das Compensation Committee mit Vergütungsthemen und der zukünftigen personellen Ausrichtung im Management betraut (Kuck, 2006; Zipperling; 2012; Tricker, 2019).

Befürworter des monistischen Modells sehen einen entscheidenden Vorteil in der hohen Anzahl an Board-Sitzungen, die den direkten Informationsaustausch zwischen Inside- und Outside-Directors ermöglichen. Durch diese Herangehensweise gelangen Outside Directors an relevante Informationen zur Ausübung ihrer Überwachungsfunktion. Ein weiterer Vorteil ergibt sich aus der Struktur des Boards und der damit korrespondierenden Einbindung der Outside-Directors in die Unternehmensführung. Daraus resultiert eine schnelle Entscheidungsfindung des Boards (Block & Gerstner, 2016; du Plessis et al., 2012; Kuck, 2006).

Kritiker des monistischen Modells hingegen argumentieren, dass die auf Anteilseigner ausgerichtete Unternehmensführung und –überwachung die Unabhängigkeit der Inside-Directors von der Kontrollinstanz unterminiert. Daher besteht die Gefahr, dass Outside Directors durch ihre Einbindung in die Unternehmensführung in Form von intensiver Beratung der Inside-Directors in einen Interessenkonflikt geraten können und in der Folge ihre Unabhängigkeit ebenfalls eingeschränkt ist. Zusätzlich können persönliche Beziehungen innerhalb des Boards, die den eigentlich als vorteilhaft beschriebenen Informationsaustausch zwischen Inside- und Outside-Directors fördern, gleichzeitig die Unabhängigkeit Letzterer weiter gefährden. Abschließend wird zunehmend die hohe Machtkonzentration des CEO kritisiert, wenn dieser gleichzeitig als Chairman of the Board fungiert (Block & Gerstner, 2016; du Plessis et al., 2012; Kuck, 2006; Tricker, 2019; Zipperling, 2012).

Abbildung 2 veranschaulicht die Struktur des monistischen CG-Modells:

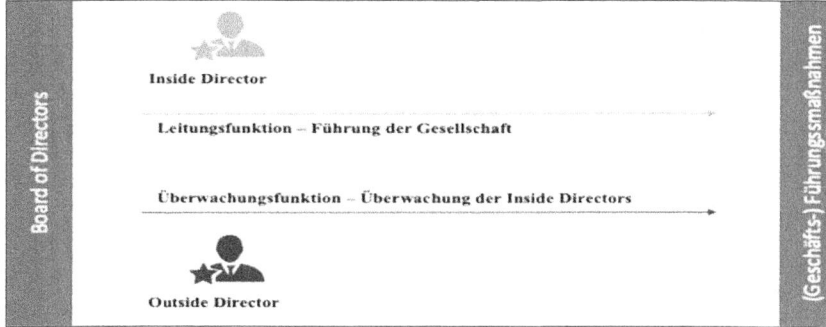

Abbildung 2: Struktur des monistischen CG-Modells (Eigene Darstellung in Anlehnung an Welge & Eulerich, 2014)

02) Das dualistische CG-Modell

Im Kontrast zum monistischen Modell der CG zeichnet sich das kontinentaleuropäische[11] dualistische Modell der CG durch ein zweigliedriges Organsystem, bestehend aus dem Vorstand und dem Aufsichtsrat (AR), aus. Hier übernimmt der Vorstand die Leitung der Gesellschaft und der AR als Gegengewicht zum Vorstand die entsprechende Kontrollfunktion. In Anbetracht der strikten Trennung zwischen der Leitungs- und Kontrollfunktion der Gesellschaft wird als Synonym für das dualistische Modell auch der Begriff Two-Tier System verwendet (Kuck, 2006; Zipperling, 2012).

---

[11] Das Two-Tier System ist z. B. in Deutschland, Österreich und in der Schweiz gesetzlich verankert (Tricker & Li, 2019).

Der Vorstand als Leitungsorgan der Gesellschaft bestimmt deren strategische Ausrichtung und die operative Leitung der Gesellschaft. Beschlüsse des Vorstands werden nach dem Kollegialprinzip verabschiedet. Hiervon wird in Pattsituationen abgewichen, da dem Vorstandsvorsitzenden eine Sonderstimme zusteht. Dementsprechend ist es dem Vorstandsvorsitzenden eingeschränkt möglich, die Gesellschaft im Sinne seiner Vorstellungen zu leiten (Kuck, 2006; Zipperling, 2012).

Die antagonistische Rolle des Überwachungsorgans hat der AR inne. Das Aufgabenspektrum des AR ist weit gefasst und beinhaltet z. B. die Überprüfung der vom Vorstand verabschiedeten Maßnahmen hinsichtlich ihrer Zweckmäßigkeit und Wirtschaftlichkeit. Zusätzlich fällt die Bestellung des Wirtschaftsprüfers in das Aufgabengebiet des AR sowie eine eingeschränkte Beratung des Vorstands. Allerdings ist die Qualität der AR-Arbeit von zugänglichen Informationen abhängig, die der AR von dem Vorstand einfordern kann (Kuck, 2006; Zipperling, 2012).

Als weiteres Pflichtorgan des dualistischen Modells ist die Hauptversammlung (HV) als Organ der Anteilseigner hervorzuheben. Das Zusammenspiel der Organe Vorstand, AR und HV ist wie folgt definiert: Erstens wählt die HV die Anteilseignervertreter im AR. Zusätzlich sind im deutschen Rechtsraum durch unternehmerische Mitbestimmungsregelungen, die abhängig von der Unternehmensgröße sind, auch AR-Mitglieder seitens der Arbeitnehmer zu bestimmen. Hierdurch wird die im dualistischen System gelebte Praxis der Berücksichtigung von Anteilseignerinteressen und den Interessen anderer Stakeholder deutlich. Drittens obliegt die Bestellung und Abberufung des Vorstands dem AR, und viertens sind Mitglieder des Vorstands dazu verpflichtet, Rechenschaft auf der jährlichen HV abzulegen. Im Nachgang können Mitglieder des Vorstands und des AR ex post facto seitens der HV entlastet werden. (Kuck, 2006; Zipperling, 2012).

Eine wesentliche Stärke des dualistischen Modells beruht auf der zweigliedrigen organsystematischen Aufspaltung der Leitungs- und Kontrollfunktion. Dieses Vorgehen führt zu einer Unternehmensführung und -überwachung, die Anteilseignerinteressen und die Interessen anderer Stakeholder in Einklang bringt. Des Weiteren gewährleistet die Isolierung der Kontrollfunktion von der Leitungsfunktion die Unabhängigkeit des AR (du Plessis et al., 2012; Welge & Eulerich, 2014).

8

Als Schwachpunkt des dualistischen Modells wird von Kritikern angeführt, dass eine zielgerichtete Unternehmensführung unter Berücksichtigung differenzierter Stakeholderinteressen untergraben wird (Welge & Eulerich, 2014). Ein weiterer Kritikpunkt bezieht sich auf die Informationsempfängerrolle des AR und die direkte Abhängigkeit der Qualität der Aufsichtsratstätigkeit von bereitgestellten Informationen seitens des Vorstands. Hierbei nimmt der Vorstandsvorsitzende die wesentliche Rolle des Informationssenders ein, denn dieser bestimmt maßgeblich den Umfang und Inhalt der für den AR bereitgestellten Informationen (du Plessis et al., 2012; Kuck, 2006; Welge und Eulerich, 2014). Des Weiteren wird bemängelt, dass es dem AR grundsätzlich an Ressourcen und Kompetenzen mangelt, um einen wirklichen Gegenpart zum Vorstand zu bilden. Zudem fungiert der AR als Berater des Vorstands und ist damit indirekt in die Geschäftsführung involviert. Dies hat zur Folge, dass der repräsentative Charakter des AR in einen Interessenskonflikt münden kann (Tricker & Li, 2019; Zipperling, 2012).

Abbildung 3 gibt einen Überblick über die Struktur des dualistischen CG-Modells:

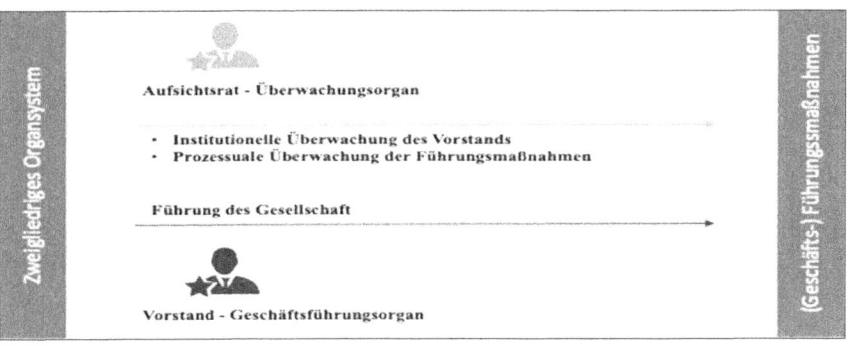

Abbildung 3: Struktur des dualistischen CG-Modells (Eigene Darstellung in Anlehnung an Welge & Eulerich, 2014)

2.3 Gegenüberstellung von Shareholder- und Stakeholder-Value

Die idealtypische Ausrichtung auf Unternehmensziele – *Shareholder-Value* oder *Stakeholder-Value* – stellt einen der zentralen Unterschiede zwischen den weltweit praktizierten CG-Modellen dar. Auf beide Value-Konzepte wird im Folgenden näher eingegangen.

01) Shareholder-Value

Das angelsächsisch geprägte Shareholder-Value-Konzept geht auf das im Jahr 1986 veröffentlichte Werk „Creating Shareholder Value" von Alfred Rappaport zurück. In seinem Werk charakterisiert Rappaport den Shareholder Value – einen Begriff, der am ehesten mit dem Ausdruck Anteilseigner übersetzt werden kann – als zentralen Treiber zur Unternehmenswertmaximierung dar (Rappaport, 1986). In diesem Zusammenhang führte Friedman (1962, S. 112) als Vordenker des Shareholder-Value-Konzepts aus „there is one and only one social responsibility of business to use its resources and engage in activities designed to increase its profits."

In der Praxis rücken die Interessen der Shareholder in den Fokus der CG, und dementsprechend hat die Börsenkursmaximierung als Einkommensquelle der Shareholder oberste Priorität (Poeschel, 2013; Schmidt, 2006). Im Gegensatz dazu fließen Interessen anderer Stakeholder – die Gesamtheit aller Interessengruppen exklusive der Shareholder – lediglich nachrangig in die CG-Ausrichtung. Dies ist insbesondere dann der Fall, wenn das Board unter Kapitalmarktdruck steht und im Trade-off zwischen Shareholdern und Stakeholdern zugunsten der Maximierung der Shareholderinteressen agiert (Schmidt, 2006). Nichtsdestotrotz wird den Interessen anderer Stakeholder insoweit auch Rechnung getragen, als diese zur Unternehmenswertmaximierung beitragen (Hinterhuber et al., 2003; Ogden & Watson, 1999).

Einer der großen Vorteile des Shareholder-Value liegt in der Notwendigkeit einer kontinuierlichen Verbesserung der Gesellschaft. Da der Shareholder-Value quantitativ messbar und der Öffentlichkeit zugänglich ist, sind Anreizsysteme entstanden, um einerseits die Leistung des Managements und andererseits die Beteiligung an der Gesellschaft zu fördern. Zudem forciert der Shareholder-Value die Entwicklung von Innovationen und die grundsätzliche Reflektion der Ausgestaltung der jeweiligen CG im Unternehmen (CIMA, 2004).

Dennoch steht eine isolierte Ausrichtung der CG auf den Shareholder-Value zunehmend in der Kritik. Verantwortlich hierfür wird die zu kurzfristige Sichtweise, die sich in der Unternehmenswert- bzw. Aktienkursmaximierung spiegelt, gemacht. Konkret kann die Managemententscheidung einer kurzfristigen Kostensenkung zum Aktienkursanstieg führen, doch langfristig wird dem Unternehmenswert dadurch geschadet (Kuck, 2006). Ein anderer Kritikpunkt bezieht sich auf die einseitige Verpflichtung der Manager gegenüber dem Kapitalmarkt und den Shareholdern. Dies kann die Loyalität und Partnerschaft zwischen den Managern, Shareholdern und Stakeholdern negativ beeinträchtigen (Schmidt, 2006).

02) Stakeholder-Value

Die Ursprünge der Stakeholder-Value orientierten CG gehen rückblickend betrachtet bis ins Jahr 1870 zurück und stehen in Verbindung mit der industriellen Arbeiterbewegung in der Bundesrepublik Deutschland (Schmidt, 2006).

Zentraler Gegenstand einer Stakeholder-Value orientierten CG ist die Ausbalancierung verschiedener Interessen der wichtigsten Stakeholder einer Unternehmung (Schmidt, 2006). In diesem Zusammenhang definierte Freeman 1984 Stakeholder als „any group or individual who is affected by or can affect the achievement of an organization's objectives" (Freeman & McVea, 2001, S. 4). In Anlehnung an Freeman verfügt jede Unternehmung laut Robert Wood – dem ehemaligen CEO von Sears – über vier strategische Stakeholder „customers, employees, community, and stockholders" (Preston & Sapienza, 1990, S. 362). Werden die Interessen und Bedürfnisse der Kunden, der Arbeitnehmer und der Gemeinschaft adressiert, entstehen positive Rückkopplungseffekte, die es möglich machen, dass Anteilseigner langfristig von der Unternehmung profitieren können (Poeschel, 2013). Clarkson (1995) wiederum versteht unter einer Unternehmung ein sozioökonomisches System, das sich aus mehreren Interessensgruppen zusammensetzt. Dabei interagieren die Interessengruppen miteinander und weisen Beziehung auf, in denen die Rechte, die Ziele, die Erwartungen und die Verantwortlichkeiten untereinander festgelegt sind (Clarkson, 1995). Demnach ist die Fortführungsprämisse der Unternehmung nur dann zu erreichen, wenn das Management die Interessen der Stakeholder adressiert (Clarkson, 1995; Poeschel, 2013). Mit Blick auf das dualistische Modell der CG ist der AR derjenige verantwortliche Akteur, der den Interessenausgleich unter den Stakeholdern und Anteilseigner orchestriert (Schmidt, 2006).

Ein Vorteil des Stakeholder-Value basierten CG-Ansatzes ist die Schaffung eines unternehmerischen Rahmens, der langfristig Wert schafft. Zusätzlich wird das Vertrauen und Engagement der verschiedenen Anspruchsgruppen der Unternehmung für strategische Entscheidungen seitens der Unternehmensführung gestärkt. Außerdem werden Netzwerke innerhalb der Unternehmung gefördert, mit positiven Auswirkungen auf die Zusammenarbeit. Dadurch kann sich die Unternehmung insgesamt weiterentwickeln.

Potentielle Probleme resultieren aus der Vielfalt der Interessen der verschiedenen Anspruchsgruppen, die zwangsläufig in einem Konflikt zueinanderstehen. Dies führt einerseits zu einer mangelnden Transparenz gegenüber dem Kapitalmarkt, und andererseits kann die Gewinnmaximierung der Unternehmung darunter leiden (Bottenberg, Tuschke & Flickinger, 2017).

3 Corporate Governance in der Volksrepublik China

3.1 Grundzüge der Wirtschaftsgeschichte von 1949 bis heute

China gehört zu den ältesten Zivilisationen und Hochkulturen der Menschheit. Daher ist es nicht verwunderlich, dass China vom 15. bis zum 18. Jahrhundert das globale Wirtschaftsgeschehen dominierte (The World Bank, 2013). Letztendlich war China jedoch nicht in der Lage, seine globale Wirtschaftsdominanz aufrecht zu erhalten. Es unterlag Mitte des 19. Jahrhunderts den europäischen Industriestaaten auf technologischer und organisatorischer Ebene. Zudem litt die chinesische Wirtschaft unter der japanischen Besatzung zwischen 1937 bis 1945 sowie unter dem chinesischen Bürgerkrieg. Die Folgen dieser Ereignisse wirkten sich disruptiv auf die chinesische Volkswirtschaft aus. Als Reaktion hierauf wurde die Volksrepublik (VR) China am 1. September 1949 mit dem primären Ziel gegründet, wieder zu einer führenden und global agierenden Macht aufzusteigen (Gottwald, 2018). Die folgende Abbildung 4 zeigt, in welchen Schritten die Entwicklung der chinesischen Wirtschaft seit 1949 erfolgte. Diese Schritte bilden auch die Struktur des folgenden Kapitels der vorliegenden Abschlussarbeit.

Abbildung 4: Ökonomischer Evolutionspfad der VR China (Eigene Darstellung)

3.1.1 Maoistische Ära (1949-1978)

Das Primat der zentralistischen Wirtschaftsordnung ist kennzeichnend für die Kommunistischen Partei Chinas (KPC) unter der Regentschaft ihres damaligen Vorsitzenden Mao Zedong. Die Ausrichtung der Planwirtschaft erfolgte zunächst in Anlehnung an das zentralistische Wirtschaftssystem der damaligen UdSSR, bis sich das chinesische Planwirtschaftsmodell sukzessive von dem Vorbild der UdSSR loslöste und einen eigenständigen Typus entwickelte. Dabei lag die Industrialisierung Chinas im Mittelpunkt des zentralwirtschaftlichen Handelns. Exemplarisch hierfür ist die forcierte Förderung der Schwerindustrie, die sich jedoch zulasten der bis dahin dominierenden Landwirtschaft auswirkte (Taube, 2014). Charakteristisch für die maoistische Ära ist die inhärente Ineffizienz[12] des Planwirtschaftsmodells, der erstens der Widerspruch zwischen dem politisch-ideologischen Anspruch an die Ausgestaltung der chinesischen Wirtschaft und zweitens die desolate Ausstattung zentraler Entscheidungsträger mit notwendigen makroökonomischen Steuerungskapazitäten zugrunde lag. Letztlich ist diese inhärente Ineffizienz des zentralistischen Wirtschaftssystems die Ursache dafür, dass die gesamtwirtschaftliche Leistungserbringung[13] in der maoistischen Ära einen volatilen Verlauf zyklischer *boom-* und *bust-Phasen* annahm, die lediglich moderate Wachstums- und Entwicklungserfolge hervorbrachte (Taube, 2003).

3.1.2 Reform- und Transformationsära (1978-2015):

Mit dem Tod Mao Zedongs 1976 und der Übernahme der politischen Herrschaft durch Deng Xiaoping bildete sich auf dem 3. Plenum des Zentralkomitees im Dezember 1978 die Einsicht einer nachhaltigen Abkehr der von Mao Zedongs praktizierten Planwirtschaft hin zu einer sukzessiven Justierung des Wirtschaftssystems auf marktorientierte Elemente aus (Qian, 2000). Gleichwohl wurde auf dem 14. Parteikongress im September 1992 die sozialistische Gesellschaftsordnung weiter zum zentralen Treiber wirtschaftlichen Geschehens erklärt (Taube, 2014). Auf gesetzlicher Ebene wird das sozialistische Primat durch die Implementierung der von der VR China praktizierten Sozialistischen Marktwirtschaft (SMW) in die chinesische Verfassung[14] von 1992 zum Ausdruck gebracht (VerfR, 2004).

Mit Blick auf die ökonomische Leistungserbringung Chinas – gemessen am Bruttoinlandsprodukt (BIP) – ist während der Reform- und Transformationsära von 1978 bis 2015 ein reales Wachstum von durchschnittlich ca. 9,7 % zu verzeichnen. Das BIP pro Kopf hat sich in dem Zeitraum von 1990 bis 2015 verfünf-

---

[12] Für eine ausführlichere Analyse des Zusammenhangs siehe: Taube, Markus (2003). Zyklische Wirtschaftsentwicklung in der VR China: Ein Überblick. In: Reichl, B., Schönherr, S., & Taube, M. (Hrsg.), Ifo Forschungsberichte: Konjunkturzyklen und Konjunkturforschung in China (S. 8-35). München: Ifo Institut für Wirtschaftsforschung.

[13] Eine sehr detaillierte Analyse der Wachstumszyklen und der einzelnen 5. Jahrespläne im Zeitraum von 1949 bis 1978 liefert: Taube, Markus (2014). Grundzüge der wirtschaftlichen Entwicklung und ihre ordnungspolitischen Leitbilder in der VR China seit 1949. Duisburg Working Papers on East Asian Studies, No. 96/2014.

[14] Artikel 7, 11 und 15 der chinesischen Verfassung geben den Grundrahmen der SMW vor.

zehnfacht (OECDb, 2019)[15]. Dabei stellt die sprunghafte Wachstums- und Ent-
wicklungsdynamik die ökonomische Auswirkung der von Deng Xiaoping einge-
leiteten Reform- und Öffnungspolitik – der erstens die Transformation in eine
SMW, zweitens die umfassende Eingliederung in die weltwirtschaftliche Arbeitsteilung, und drittens die forcierte Dominanz des industriellen Sektors zugrunde
lag – dar (Taube, 2014).

Eine nähere Untersuchung der Evolution[16] der in der VR China praktizierten
SMW zeigt auf, dass das Zusammenwirken von *top-down-Strömen* der politischen
Entscheidungsträger sowie *bottom-up-Forderungen* der Unternehmer nach einer
kontinuierlichen Weiterentwicklung des ökonomisch-institutionellen Rahmen-
werks die Evolution entscheidend beeinflussten. Daher ist es offensichtlich, dass
die SMW kein Endziel darstellte, sondern eher aus der Bestrebung der politischen
Machterhaltung einerseits und aus dem ökonomischem Pragmatismus durch das
Experimentieren mit neuen Technologien, Geschäftsmodellen und Investitionen
(*trial-and-error-Prozesse*) andererseits resultierte (Gottwald, 2018; Taube, 2014).
Mit dem Beitritt Chinas in die Welthandelsorganisation (WTO) im Jahr 2001
wurde der marktwirtschaftliche Transformationsprozess gekrönt. Gleichzeitig
gelang es China, seine bis dahin passive Rolle als Produktionsdienstleister auslän-
discher Konzerne abzulegen und mittels aus dem Ausland importierten Entwick-
lungs- und Produktions-Know-Hows sowie der Aneignung von Wissen über den
Weltmarkt – den der WTO-Beitritt erst ermöglichte – eigenständig als aktiver
Akteur im Weltmarkt mit chinesischen Gütern und Kapital präsent zu werden
(Taube, 2014).

3.1.3 Chinese Dream Ära (2015-2049):

Seit 2015 ist eine Unterbrechung des linearen Verlaufs des chinesischen Wirt-
schaftswachstums zu beobachten. Dieser liegt seit 2015[17] bei ca. 6,5 % pro Jahr
und liegt damit deutlich unter den durchschnittlichen 10-%igen Wachstumsraten
der Reform- und Transformationsära (OECD, 2019b). Für 2020[18] wird infolge der

---

[15] Die notwendige Datengrundlage hierzu findet sich im Anhang, siehe Abbildungen 10 und 11, S.
68-69.
[16] Die im Anhang befindliche Abbildung 12 auf S. 70 enthält eine chronologische Auflistung wirtschaftlicher Reformmaßnahmen von 1973 bis 2013, die den Weg in die SMW ebneten.
[17] Siehe hierzu im Anhang, Abbildung 10, S. 68.
[18] Das Datenmaterial kann dem Anhang entnommen werden, siehe Abbildung 13, S. 71.

Corona-Epidemie sogar ein Wirtschaftswachstum von lediglich ca. 4,9 % prognostiziert (OECD, 2020). Es ist dennoch davon auszugehen, dass China spätestens 2030 die USA als größte Volkswirtschaft ablösen wird (The Worldbank, 2013).

Der Grundstein der Chinese Dream Ära wurde bereits in dem 13. Fünfjahresplan (2016-2020) gelegt (CEPII, 2016). Danach sollen weiterhin marktwirtschaftliche Mechanismen eine zentrale Rolle in der SMW einnehmen (GIGA, 2013). Ebenso deuten viele der von Xi Jinping initiierten Reformen an, dass gleichzeitig an der sozialistischen Gesellschaftsordnung festgehalten wird (Naughton, 2017). Hochkarätige Projekte wie z. B. *Made in China 2025*[19] oder *die neue Seidenstraße*[20] sollen die Chinese Dream Ära prägen. Infolgedessen soll spätestens zum 100-jährigen Bestehen der VR China im Jahr 2049 der Anschluss an die weltdominierenden Industrienationen vollzogen sein (GIGA, 2018).

Nichtsdestotrotz steht der VR China ein politisch-ökonomischer Paradigmenwechsel bevor, um die Chinese Dream Ära mit einem wachstumsfördernden Nährboden auszustatten. Zunächst ist der demografische Wandel zu adressieren, der infolge der Ein-Kind-Politik erheblich verschärft wurde und damit den Produktionsfaktor Arbeit sukzessive erodiert (The World Bank, 2013; Tricker & Li, 2019). Als Ausweg sieht die chinesische Führung u.a. die Zwei-Kind-Politik, die im Rahmen des 13. Fünfjahresplanes in Kraft trat (CEPII, 2016). Außerdem ist die künftige Durchbrechung der *middle income trap*[21] wichtig, die die VR China aktuell noch fest umschlingt. Überdies ist ein besonderes Augenmerk auf die rasant ansteigende Verschuldung der chinesischen Unternehmen, Privathaushalte und staatlichen Stellen zu legen. Im dritten Quartal 2018[22] betrug die Verschuldungsrate der VR China mehr als 250 % des BIP (OECD, 2020). Angesicht dieser Tatsache läuft die VR China Gefahr, die Chinese Dream Ära zu torpedieren (Deutsche Bundesbank, 2018). Davon unabhängig wird als zentraler Treiber auf der Nachfrageseite die Binnenkonsumförderung vorangetrieben (Deutsche Bundesbank, 2018; The World Bank, 2013). Demgegenüber strebt China angebotssei-

---

[19] Eine aktuelle Studie hierzu hat das Merics in 2019 veröffentlicht, abrufbar unter: https://www.merics.org/sites/default/files/2019-07/MPOC_8_MadeinChina_2025_final_3.pdf.

[20] Informationen sind unter folgender Website abrufbar: http://english.www.gov.cn/beltAndRoad/.

[21] Die *middle income trap* besagt, dass steigende Arbeitskosten in einer Volkswirtschaft zu einer Verlagerung des Produktionsstandortes in günstigere Konkurrenzländer führt. Die Volkswirtschaft stagniert als Konsequenz auf einem mittleren Einkommensniveau (Gill & Kharas, 2015).

[22] Datenmaterial hierzu findet sich im Anhang, Abbildung 14, S. 72.

tig die Förderung von Innovationen und neuen Technologien an. Dazu ist eine Reihe von Maßnahmen[23] beschlossen worden, die bewirken sollen, dass China bis zum Jahr 2049 zur global führenden technologischen Supermacht aufsteigt (Merics, 2019).

3.2 Entwicklung der Corporate Governance

Auch im Jahr 2020 weist die CG in China Defizite und Ineffizienzen auf. Laut einer von der Asian Corporate Governance Association (ACGA) im Jahr 2018 durchgeführten Studie rangiert China auf Platz 10 von 12 untersuchten[24] asiatischen Ländern (ACGA, 2018a). Um dieser Beobachtung auf den Grund zu gehen, beschäftigt sich das folgende Kapitel mit der Entwicklung der CG in China. Der Literaturüberblick führt zu dem Ergebnis, dass die aktuelle Forschungslage Diskrepanzen in der Einteilung der Entwicklungsphasen aufweist (Chen, Samanta & Hughes, 2019; Guo, Smallman & Radord, 2013; Keay & Zhao, 2018; Mutlu et al., 2018; OECD, 2011; RAND, 2008; Sabbaghi, 2016). Diese Diskrepanzen werden aus Sicht des Verfassers konsolidiert und in vier Entwicklungsphasen die relevantesten CG-Errungenschaften der VR China chronologisch vorgestellt.

3.2.1 Phase 1: Dominanz der staatseigenen Betriebe (1949-1978)

Die CG ist in der ersten Entwicklungsphase wesentlich von den wirtschaftlich dominierenden staatseigenen Betrieben (SOE) geprägt gewesen (Shen, Zhou & Lau, 2016). Unter SOE werden wirtschaftliche Einheiten verstanden, die sich im Besitz des Staates befinden und von diesem durch den Erlass von Vorgaben für die gesamte Wertschöpfungskette betrieben werden (Keay & Zhao, 2018). Durch die Installierung eines Parteisekretärs in den einzelnen SOE wurde sichergestellt, dass die Vorgaben des Staates umgesetzt und kontrolliert werden (RAND, 2008). Die Belegschaft erhielt im Gegenzug für ihre Arbeitsleistung eine Unterkunft, medizinische Versorgung, Schulbildung für die Kinder (Tricker & Li, 2019) und einen Lohn, der sich an der nationalen Lohnhierarchie orientierte (RAND, 2008). Außerdem war Privatpersonen der Erwerb von Unternehmensbeteiligung bis 1978 verboten. Dennoch sind Anfang der 1970er Jahre in einigen Teilen Chinas trotz ihres illegalen Status Familienunternehmen entstanden, die nach dem Machtantritt

---

[23] Von den Maßnahmen betroffen ist z. B. die Robotik Kernindustrie (Merics, 2019).
[24] Zur Veranschaulichung findet sich im Anhang die Abbildung 15, S. 72.

von Deng Xiaoping im Jahr 1978 anerkannt und lizenziert wurden. Folglich war die Parallelexistenz von SOE und Privatunternehmen juristisch legitimiert (RAND, 2008; Shen, Zhou & Lau, 2016). Insgesamt wird daraus ersichtlich, dass in der ersten Entwicklungsphase eine CG nach westlichem Vorbild nicht existierte.

3.2.2 Phase 2: Reformierung der SOE (1978-1989)

Ein entscheidender Wendepunkt in der Entwicklung der chinesischen CG beruht auf der im Jahr 1978 beginnenden marktwirtschaftlichen Reformierung (Keay & Zhao, 2018). Dabei umfasste die erste Welle konkreter CG-Beschlüsse im Oktober 1984 zunächst die sukzessive Autonomisierung der SOE und die Schaffung eines Anreizsystems zur Motivation des SOE-Managements (Groves et al., 1994; Huang et al., 2017). Das damit verbundene Ziel war, SOE in eigenverantwortliche Wirtschaftseinheiten umzuwandeln und sie mit mehr Entscheidungsbefugnissen auszustatten, worunter auch die Eigenverantwortung für ihren ökonomischen Erfolg fiel. Im Zuge dessen erfolgte eine monetäre Incentivierung des Managers, falls die ihm zugewiesene SOE ein positives Jahresergebnis erzielte. Damit zielte die Reform primär auf die Behebung von Ineffizienzen in den SOE ab (Guo, Smallman & Radford, 2013). Von den Reformen unberührt blieben die Eigentumsverhältnisse an den SOE (RAND, 2008).

Die nächste CG-Reformierungswelle erfolgte im Dezember 1986 bzw. 1988 und beinhaltete erstens die rudimentäre Klärung der Eigentumsrechte an den SOE, zweitens die Isolierung von Regierungseingriffen aus der Geschäftsführung (Guo, Smallman & Radford, 2013) und drittens die Ablösung der Altregelung zur monetären Incentivierung von Managern der SOE durch anreizbasierte Managementverträge[25]. Zusammen mit der Deregulierung der Preise auf den Rohstoff- und Faktormärkten sowie einer Reduzierung der Richtlinienproduktionspläne wurden Managern der SOE zunehmend mehr Freiheiten in der Ausübung der Geschäftsführung eingeräumt (RAND, 2008).

Die zweite Entwicklungsphase ist von einer qualitativen Verbesserung der chinesischen CG bestimmt. Angesichts der gleichzeitig aufrechterhaltenen plan-

---

[25] Zur Ausgestaltung der im Jahr 1986 eingeführten Managementverträge siehe Groves, T., Hong, Y., McMillan, J., & Naughton, B. (1994). Autonomy and Incentives in Chinese State Enterprises. The Quarterly Journal of Economics, 109(1), 183-209.

wirtschaftlichen Wirtschaftsordnung ist eine einschränkende Wirkung der im Zeitraum von 1978 bis 1989 durchgeführten Reformmaßnahmen hinsichtlich der Verbesserung der CG festzustellen (Guo, Smallman & Radford, 2013; Zhang, 2006).

3.2.3 Phase 3: Übergang zu einer modernen CG (1990-1999)

Die dritte Entwicklungsphase markierte den Beginn der Errichtung eines CG-Systems nach westlichem Stil. Ausgangspunkt der Entwicklung war zunächst der chinesische Kapitalmarkt, der auf Grundlage der im Jahr 1990 eingeführten Börsen[26] von Shanghai und Shenzhen fundamental reformiert wurde (Lin et al., 2020). Parallel dazu wurde die CSRC geschaffen, um den neu geschaffenen Aktienmarkt sowie künftig börsennotierte Unternehmen zu überwachen (Jiang & Kim, 2015).

Mit Verabschiedung des ersten Gesellschaftsgesetzes im Januar 1993, das die Rechte und Pflichten moderner Unternehmen in China festlegte, gelang es der VR China, den Grundstein zur Errichtung eines modernen CG-Systems zu legen. Obwohl das Gesellschaftsrecht weitreichende Auswirkungen auf die Unternehmen und die drei Organe – HV, Vorstand und AR – hatte (Chen, Samanta & Hughes, 2019), bestanden immer noch Ineffizienzen, die z. B. aus der Bevorzugung des staatlichen Aktionärs gegenüber anderen Aktionären resultierten (Ho, 2008). Weiter hat das GesG zwei neue Rechtsformarten hervorgebracht, die GmbH und die Aktiengesellschaft (AG). Auf dieser Gesetzesgrundlage transformierten sich viele SOE in juristische Personen des Gesellschaftsrechts (Tricker & Li, 2019). Das im Jahr 1998 erlassene WpG komplettierte die Ambition des Aufbaus eines modernes CG-Systems. Besonderes Augenmerk lag dabei auf der juristische Belangung von Managern bei der Veröffentlichung von falschen oder irreführenden Unternehmensinformationen und der damit einhergehenden Stärkung des Anlegerschutzes. Daneben ermöglichte es das WpG der CSRC eine aktivere Rolle bei der Überwachung und Regulierung der Aktienmärkte einzunehmen (RAND,

---

[26] Auf den beiden neu gegründeten Aktienmärkten waren zwei Typen von Aktien im Umlauf: A-Aktien und B-Aktien. A-Aktien notieren in der chinesischen Währung renminibi (RMB) und stehen ausschließlich chinesischen Staatsbürgern zur Verfügung. Im Gegensatz dazu notieren B-Aktien in einer Fremdwährung wie dem US-Dollar und waren bis 2001 ausschließlich ausländischen Staatsbürgern von Hongkong, Taiwan und Macoa vorbehalten. (Yang, Chi & Young, 2011). Daneben existieren weitere Aktientypen wie z. B. H-Aktien. Tiefergehende Informationen sind folgendem Dokument zu entnehmen: FTSE Russel - Guide to Chinese Share Classes, abrufbar von https://research.ftserussell.com/products/downloads/Guide_to_Chinese_Share_Classes.pdf.

2008). Die dritte Entwicklungsphase hat sowohl den Kapitalmarkt als auch das regulatorische Rahmenwerk erheblich verbessert (Ho, 2008). Dahingegen sind Probleme weiterhin ungelöst, die sich z. B. aus dem Verhältnis zwischen dem staatlichen Mehrheitsaktionär und einzelnen Minderheitsaktionären ergeben, sowie ein niedrig ausgeprägter Aktionärsschutz (Lin, 2004).

3.2.4 Phase 4: Internationale Ausrichtung der CG (2000 bis heute)

Die vierte Entwicklungsphase ist von der Ambition Chinas gekennzeichnet, seine CG-Systeme mit denen des angelsächsischen Raumes zu harmonisieren (Morck & Yeung, 2014; Tricker & Li, 2019). Mit dem Eintritt in die WTO im Jahr 2001 und der damit eingehenden Öffnung des chinesischen Markts für den internationalen Wettbewerb realisierte China einen Qualitätssprung in der CG (Tricker & Li, 2019). Etwa zur gleichen Zeit, im Jahr 2002, setzte China den Internationalisierungskurs mit der Veröffentlichung des CCGK fort. Als Folge stieg die Zahl der seit 1993 an der Börse notierten Unternehmen jährlich (Chen, Samanta & Hughes, 2019). Zur Lösung der noch unzureichend definierten Eigentumsrechte an den SOE ist im Jahr 2003 die Kommission zur Kontrolle und Verwaltung von Staatsvermögen (SASAC[27]) gegründet worden, die fortan im Namen der Regierung die Rolle des Mehrheitsaktionärs einnimmt (Lin et al., 2020). Weiterhin initiierte China im Jahr 2005 mit der *non-tradable-share-reform* ein Programm zur vollständigen Handelbarkeit[28] von börsennotierten Aktien. Hiervon profitierte insbesondere der chinesische Kapitalmarkt (Cai, Li & Xia,2007; Chen, Samanta & Hughes, 2019), sodass beginnend mit dem Jahr 2006 chinesische Unternehmen an der National Association of Securities Dealers Automated Quotations (NASDAQ) und anderen internationalen Börsen notierten (Tricker & Li, 2019). Weitere Änderungen am GesG und WpG traten im Jahr 2006 in Kraft, um u.a. den Aktionärsschutz sukzessive auf ein internationales Level anzuheben (Chen, Samanta & Hughes, 2019; Yang, Chi & Young, 2011). In jüngster Zeit erfuhr das WpG im Jahr 2019 eine Überarbeitung (Lawinfochina, 2020) und das GesG erst kürzlich

---

[27] Weitere Information sind auf der Website abrufbar: http://www.sasac.gov.cn/n2963340/index.html.

[28] Bis 2005 waren etwa zwei Drittel der gesamten Aktien nicht handelbar. Diese nicht handelbaren Aktien stellten ein erhebliches Risiko (Verwässerungseffekt) für Minderheitsinvestoren dar, die in handelbare Aktien investiert waren, denn kein Gesetz schützte ihre Interessen im Falle der Emission von weiteren nicht handelbaren Aktien (Yang, Chi & Young, 2011).

im Jahr 2018 (OECDa, 2019). In demselben Jahr wurde darüber hinaus die endgültige Fassung des CCGK erlassen (ACGA, 2018a).

Obwohl das chinesische CG-System noch Schwachstellen[29] aufweist, ist zusammenfassend festzustellen, dass die internationale Ausrichtung der chinesischen CG weitreichende Fortschritte gemacht hat (Tricker & Li, 2019).

3.3 Sonderform des Two-Tier Systems

Die Sonderstellung des chinesischen CG-Modells manifestiert sich in der im GesG konstruierten Hybridform, in der sowohl Elemente des monistischen als auch des dualistischen CG-Modells sowie weiterer chinesischer Governance-Spezifika miteinander interagieren (Blaurock, 2009; Tan, 2011). Bei genauer Betrachtung zeigt sich zudem, dass dem chinesischen CG Modell der kulturelle und philosophische Ansatz *mozhe shitou guohe*[30] zugrunde liegt (Shan & Round, 2012; Tan & Wang, 2007). Hier wird auch Chinas Bestreben deutlich, aus den Lehren der Vergangenheit und aus Erkenntnissen anderer Länder Nutzen zu ziehen (Nolan, 2005), um darauf aufbauend ein für die VR China maßgeschneidertes CG-Modell – unter Beachtung des sozialistischen Primats[31] – zu entwickeln.

3.3.1 Struktureller Aufbau

Die im Anschluss dargelegten Ausführungen beziehen sich auf die revidierten Versionen des GesG und die Satzungsanleitung[32] (SA) aus dem Jahr 2019 sowie auf SOE[33], die als AG firmieren. Einen tiefergehenden Einblick in die Organisationsverfassung börsennotierter AG liefert Abbildung 5.

---

[29] Beispielsweise erfolgt eine unzureichende Auswahl und Ausbildung von Vorstandsmitgliedern.

[30] Übersetzung: „Über den Fluss gehen, indem man nach den Steinen tastet."

[31] Hierzu schreibt § 19 des GesG den Gesellschaften die Installierung eines Parteiausschusses vor, aus dem Aktivitäten der KPC gemäß der sozialistischen Verfassung durchgeführt werden.

[32] Das GesG wird durch die SA ergänzt (CSRC, 2019). Ergänzende Bestimmungen sind unter Einbezug der SA gesondert in der Satzung der jeweiligen AG festzulegen.

[33] Von der Betrachtung ausgenommen sind SOE, die sich in hundertprozentigem Eigentum des Staats befinden, da hierfür das GesG in den §§ 64-70 Sonderregelungen vorsieht.

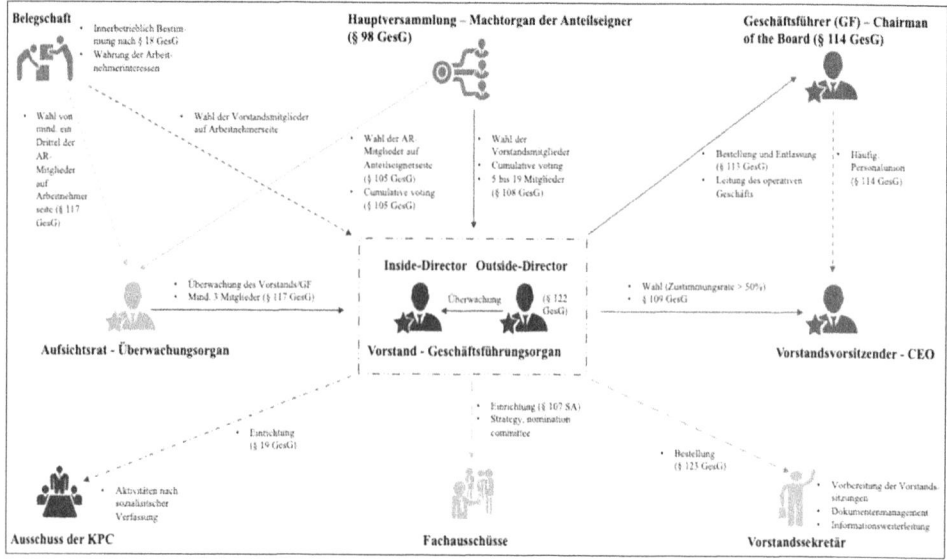

Abbildung 5: Chinesische Sonderform des Two-Tier Systems nach dem GesG 2018 in Zusammenhang mit der Satzungsanleitung 2019 (Eigene Darstellung)

Aus dem GesG geht ein dreigliedriges Organsystem, bestehend aus der HV, dem Vorstand und dem AR hervor. Die HV repräsentiert die Gesamtheit der Aktionäre. Dementsprechend fungiert die HV als Machtorgan der Gesellschaft (§ 98 GesG). Exemplarisch hierfür ist die von der HV ausgehende Bestellung und Entlassung der AR-Mitglieder und Vorstandsmitglieder (§ 105 GesG). Dazu sieht das Gesellschaftsrecht das *cumulative voting*[34] Abstimmungsverfahren vor (§ 105 GesG). Dem Vorstand obliegt die Einberufung der Jahreshauptversammlung, die vom Vorstandsvorsitzenden geleitet wird (§ 101 GesG).

Die Zusammensetzung des Vorstands entspricht dem angloamerikanischen Abbild des Board of Directors (Liu, 2005). Mit Verweis auf § 122 GesG sind neben Inside- auch Outside-Directors in den Vorstand zu berufen. Börsennotierte SOE haben ebenfalls die Unabhängigkeit der Outside-Directors sicherzustellen (§

---

[34] Beim cumulative voting – *kumulative Stimmabgabe* – werden zunächst die stimmberechtigten Anteile je Aktionär mit der Zahl der zu besetzenden Positionen im AR bzw. Vorstand multipliziert, woraus sich die maximale Anzahl an zu vergebenen Stimmen pro Aktionär ergibt. Theoretisch können somit die Aktionäre ihre gesamten Stimmen auf einen einzelnen Kandidaten kumulieren. Dadurch wird gleichzeitig Raum geschaffen, um einen Kandidaten durch einen Minderheitsaktionär zu bestimmen (Pißler, 2002).

122 GesG). Nähere Bestimmungen hierzu sind im CCGK sowie in der CSRC-Richtlinie[35] zur Einführung unabhängiger Outside-Directors (Lin et al., 2020) definiert. Daneben beläuft sich nach § 108 GesG die Anzahl der Vorstandsmitglieder zwischen fünf (Minimum) und neunzehn (Maximum). Ebenso besteht ein Wahlrecht in § 108 GesG hinsichtlich der Berufung von Vertretern der Arbeitnehmerseite in den Vorstand. Zur Bestimmung des Vorstandsvorsitzenden (CEO) bedarf es der Zustimmung von mehr als der Hälfte der Vorstandsmitglieder (§ 109 GesG). Ferner organisieren sich die einzelnen Vorstandsmitglieder in Fachausschüssen, um spezielle Aufgabenfelder wie z. B. Vergütungs- und Strategiethemen zu bedienen (§ 107 (16) SA). Die Ernennung des Geschäftsführers (Chairman of the Board) ist fakultativ für die AG (§ 114 GesG). Ausgehend vom Vorstandsorgan erfolgt die Bestellung und Entlassung des Geschäftsführers (§113 GesG). Außerdem kann nach § 114 GesG ein Vorstandsmitglied zugleich die Position des Geschäftsführers bekleiden.

Mit Bezug auf § 117 GesG ist bei der Bildung des AR zu beachten, dass die Anzahl der Mitglieder auf mindestens drei festzulegen ist. Dem AR gehören Vertreter der Anteilseigner- sowie Vertreter der Arbeitnehmerseite an. Weiter heißt es in § 117 GesG, dass der Anteil der Vertreter der Arbeitnehmerseite mindestens ein Drittel betragen muss, und dass die Wahl von der Belegschaft ausgeht. Zusätzlich ist der AR-Vorsitzende von mehr als der Hälfte der AR-Mitglieder zu bestimmen. Ausgeschlossen von einem AR-Posten sind Vorstandsmitglieder und leitende Angestellte.

3.3.2 Kritik

Zahlreiche wissenschaftliche Publikation beanstanden den konzeptionellen Aufbau des chinesischen Two-Tier CG Modells (Feinerman, 2007; Kang, 2017; Xiao, Dahya & Lin, 2004; Wei & Muratova, 2020; Zhu et al., 2016). Im Folgenden werden die aus der Literatur hervorgehenden Kritikpunkte eingehender dargestellt.

---

[35] Abrufbar unter: http://www.csrc.gov.cn/pub/csrc_en/newsfacts/release/200708/t20070810_69191.html.

01) Rolle der KPC

Die enge Verflechtung zwischen der Politik und den börsennotierten SOE ist der Katalysator für die Ineffizienz und Ineffektivität des chinesischen Two-Tier CG-Modells. Nach Auffassung von Sun, Hu und Hillman (2016) determiniert die Einbindung der KPC in den SOE, die sich in der Verzahnung von Personal- und Kapitalressourcen spiegelt, signifikant deren Wertschöpfung und Geschäftserfolg. Charakteristisch hierfür ist zum einen der § 19 GesG und zum anderen die Auffangbecken-Funktion des AR und Vorstands für ehemalige und aktive Politikakteure. Aus diesem Grund prägt die Posten-Dualität – d.h. gleichzeitiges Innehaben eines politischen Postens sowie eines Sitzes im Vorstand oder AR – die Praxis in China (ACGA, 2018b; Blaurock, 2009; Wei & Muratova, 2020; Ye & Li, 2017).

02) Rolle der Outside-Directors

Nach traditioneller Auffassung erbringen Outside-Directors interne Prüfungs- und Beratungsdienstleistungen, die darauf ausgerichtet sind, Mehrwert für die Organisation zu schaffen (Adams et al., 2010; Kang, 2017). Demgegenüber offenbart ein Blick in die chinesische Praxis, dass Outside-Directors hauptsächlich Beratungsdienstleistungen erbringen, obwohl das GesG sowie der CCGK Outside-Directors zur Überwachung verpflichtet (ACGA, 2018). Daher ist der tatsächliche durch Outside-Directors erbrachte Mehrwert zu relativieren (Ye & Li, 2017). In diesem Kontext argumentiert Kang (2017), dass bestehende Informationsasymmetrien zwischen Informationsgebern (Manager, Arbeitnehmer, etc.) und Outside-Directors Ursache für die eingeschränkte Mehrwertschaffung sind. Die Informationsasymmetrien sind damit begründet, dass Informationsgeber die Loyalität von Outside-Directors anzweifeln (Ma & Khanna, 2016) und ihrer relativ kurzen Verweildauer im Unternehmen kritisch gegenüberstehen. Die daraus resultierende Konsequenz ist eine hemmende Informationslieferung an Outside-Directors (Kang, 2017).

Eine rein auf extrinsischen Gründen basierte Überwachungsfunktion ergänzt das Schwachstellenportfolio des chinesischen Modells der Outside-Directors. Nach Kang (2017) verfolgen Outside-Directors auch das Ziel, den eigenen Marktwert zu steigern, um ihre Chance im Wettbewerb um weitere Stellen als Outside-Director zu erhöhen. Damit sind das Erstmandat und die dazugehörige Überwachungsaufgabe von sekundärer Relevanz geprägt, wohingegen die eigene Marktwertsteigerung die primäre Rolle einnimmt. Angesicht der vorangegangenen Kritikpunkte liegt die Schlussfolgerung nahe, dass das chinesische Outside-Directors Modell verbesserungswürdig ist (Feinerman, 2007; Tan & Wang, 2007).

03) Rolle des AR

In der Literatur wird vielfach auf inhärente Schwachstellen des AR hingewiesen (Shang & Round, 2012; Tan & Wang, 2007). Nach Wang (2007) wird die Überwachungsfunktion des AR durch Informationsasymmetrien beeinträchtigt. Hiermit zusammenhängend adressiert die aktuelle Fassung des GesG Informationsasymmetrien zwischen dem Vorstand und AR in § 150 GesG durch die Pflicht, dass Vorstandsmitglieder und leitende Manager unter Beachtung des Wahrheitspostulats dem AR relevante Informationen und Unterlagen zur Verfügung stellen sowie den AR bei der Wahrnehmung seiner Befugnisse gewähren lassen müssen. Damit der AR sich darüber hinaus aktiv Informationen über einschlägige Sachverhalte einholen kann, wird diesem in § 118 GesG i.V.m. §§ 53-54 GesG das Recht eingeräumt, an Vorstandssitzungen teilzunehmen sowie Fragen oder Vorschläge zu Vorstandsbeschlüssen vorzubringen. Hieraus ist abzuleiten, dass das aktuelle Two-Tier CG-Modell an einer fehlenden Berichtspflicht des Vorstands an den AR leidet.

Ein weiterer Aspekt, der die Autorität des AR gegenüber dem Vorstand unterminiert, ist im § 105 GesG verankert. Danach stehen dem AR weder Befugnisse zur Ernennung noch zur Abberufung von Vorstandsmitgliedern zu (Blaurock, 2009; Shan & Round, 2012). Außerdem ist in der Praxis eine umgekehrte Berichtspflicht vom AR an den Vorstand zu beobachten, was zusätzlich auf eine mangelnde Autorität des AR hindeutet (ACGA, 2018b). Um die Position des AR gegenüber dem Vorstand zu stärken, stattet das GesG in §§ 53-54 diesen mit umfassenderen Befugnissen zur Durchführung von Eigen- oder Fremdprüfungen durch Wirtschaftsprüfungsgesellschaften, zur Sanktionierung und zur Anklage von Vorstandsmitgliedern aus.

Ebenso ist die Unabhängigkeit des AR – bedingt durch die personelle Interdependenz börsennotierter SOE und der Politik – in Frage zu stellen (ACGA, 2018b; Xiao, Dahya & Lin, 2004). Weiter ist mit Bezugnahme auf die personelle Ausstattung festzustellen, dass § 117 GesG und damit das vorgeschriebene Mini-

mum von drei AR-Mitgliedern von der Mehrheit der in einer ACGA Studie[36] be-
fragten chinesischen Unternehmen in 2018 nicht überschritten wird. Dieses Ergebnis ist ein Indiz dafür, dass die Einhaltung der Minimumvorgabe an AR-
Mitgliedern der Überwachungsfunktion des AR zuwiderläuft (ACGA, 2018b).

3.4 Mechanismen der chinesischen Corporate Governance

Das folgende Kapitel bietet einen tiefergehenden Einblick in die CG-
Mechanismen des chinesischen Two-Tier CG-Modells. CG-Mechanismen sind
per Definition institutionalisierte Lösungsansätze, die die *Prinzipal-Agenten-
Theorie* adressieren (Denis & McConnell, 2003; Jensen & Meckling, 1976) und in
der Folge Interessenkonflikten zwischen dem Management und den Eigentümern
sowie möglichem Fehlverhalten entgegenwirken, die die Handlungsmacht und die
Entscheidungsfreiräume des Managements anlassbezogen einschränken und die
die Unternehmensführung stärker an den Interessen der Eigentümer ausrichten
(Shleifer & Vishny, 1997). In der allgemeinen (Denis & McConnell, 2003; Gillian, 2006; Huson, Parrino & Starks, 2001; Walsh & Seward, 1990) sowie der spe-
zifisch auf die VR China betreffenden CG-Literatur (Jiang & Kim, 2015, 2020; Li
et al., 2012; Mutlu et al., 2018; Shen, Zhou & Lau, 2016) wird zwischen internen
und externen Governance-Mechanismen differenziert. Hierzu werden im Folgenden die aus Sicht des Verfassers relevantesten internen sowie externen CG-
Mechanismen im Hinblick auf börsennotierte SOE behandelt.

3.4.1 Interne Corporate Governance Mechanismen

Interne CG-Mechanismen umfassen Maßnahmen, die die interne Organisation des
Unternehmens betreffen. Diese können direkt vom Unternehmen oder indirekt
von den Anteilseignern beeinflusst werden (Weir, Laing & McKnight, 2002).

01) Eigentümerstruktur

Die allgemeine CG-Literatur weist konzentrierten Eigentümerstrukturen eine am-
bivalente Wirkungsweise auf die CG zu. Zum einen trägt die Eigentümerkonzent-
ration als interner CG-Mechanismus zur Lösung des Prinzipal-Agenten-Konflikts
bei (La Porta et al., 1998), indem Großaktionäre die ihnen zustehende Überwa-

---

[36] Zur Nachvollziehbarkeit findet sich die dazugehörige Abbildung 16 im Anhang auf S. 73.

chungs- und Kontrollfunktion ausüben (Shleifer & Vishny, 1986, 1997). Zum anderen begründen diese gleichzeitig den Prinzipal-Agenten-Konflikt (La Porta et al., 2000; Young et al., 2008). Hierauf bezogen konkretisieren La Porta et al. (1999), dass Großaktionäre sich zu Lasten von Minderheitsaktionären bereichern können.

Dieses gegensätzliche Phänomen ist auch in China zu beobachten (Jiang & Kim, 2015; Lin et al., 2020). So ist in der Fachliteratur z. B. festgestellt worden, dass Großaktionäre chinesischer SOE sowohl konzerninterne Darlehen verwenden, um Kapitalressourcen aus den Töchterunternehmen abzuschöpfen, als auch konzerninterne Finanztransaktionen zur Aufrechterhaltung ihres Profites instrumentalisieren (Jiang, Lee & Yue, 2009; Peng, Wei & Yang, 2011). Daraus resultiert ein zwangsläufiger Kapitalraub[37] an den Minderheitsaktionären (Jiang & Kim, 2020).

Was die Eigentümerstruktur[38] börsennotierter SOE betrifft, so entfällt der größte Aktienanteil auf den staatlichen Mehrheitsaktionären. Dahinter rangieren erst der zweit- und drittgrößte Aktionär. Im Folgenden werden drei verschiedene Typen konzentrierter Eigentümerstrukturen betrachtet.

a) Der Staat als Mehrheitsaktionär

An dieser Stelle ist wichtig zu wissen, dass sich börsennotierte SOE im chinesischen Staatsbesitz[39] befinden (Shen, Zhou & Lau, 2016; Wong, 2014). Sich hieraus ergebende Fragen hinsichtlich der Auswirkungen auf die CG der SOE sind nach dem aktuellen Forschungsstand nicht final beantwortet (Jiang & Kim, 2015). In der Literatur wird z. B. festgestellt, dass der chinesische Staat als Mehrheitsaktionär durchaus das Management überwacht (Chen, Firth & Wu, 2009) und daher von diesem ausgehende betrügerische Handlungen unwahrscheinlich sind (Jiang & Kim, 2015).

---

[37] Jiang, Lee und Yue (2009) unterfüttern diese These mit folgenden Zahlen: Zwischen 1996 und 2006 sind im zweistelligen Milliarden-Volumen zinslose Darlehen (in Rmb) an Mehrheitsaktionäre vergeben worden. Die Rückzahlungsquote dieser Darlehen bewegte sich quasi gegen Null.

[38] Der durchschnittliche Aktienanteil des Staatsaktionärs liegt von 2003 bis 2017 bei 40,3 % (Lin et al., 2020), wohingegen der durchschnittliche Aktienanteil des zweit- und drittgrößten Aktionärs von 2000 bis 2010 9,1 % bzw. 3,7 % beträgt (Shen, Zhou & Lau, 2016).

[39] Zu unterscheiden ist, dass sich die SOE entweder unter direkter Kontrolle des Staats befinden oder unter indirekter Kontrolle der Regierungsbehörden wie der SASAC (Guo, Smallman & Radford, 2013). Zur Veranschaulichung siehe Abbildung 17 auf S. 73 im Anhang.

b. Das Top-Management als Großaktionär

Managerial ownership beschreibt den gehaltenen Aktienanteil des CEO und anderer hochrangiger Mitglieder des Top-Managements an von ihnen geführten börsennotierten Unternehmen (Mutlu et al., 2018). Im chinesischen Fall zeigten bereits Jiang und Kim (2015) auf, dass der von Top-Managern gehaltene Aktienanteil[40] an den SOE in den seltensten Fällen signifikant hoch ist und der davon ausgehende Einfluss auf die CG in der Folge begrenzt ist.

c. Institutionelle Anleger als Großaktionäre:

Zu den wichtigsten institutionellen Anlegern[41] in China gehören Investmentfonds, Versicherungsgesellschaften, qualifizierte ausländische institutionelle Anleger (QFIIS) und Wertpapiermakler (Jiang & Kim, 2015). Der Großteil der institutionellen Anleger in China sind passive CG-Akteure (Yuan et al., 2009) mit kurzfristiger Anlagepräferenz (Jiang & Kim, 2015), die aufgrund mangelnden Einflusses, die CG nicht wesentlich beeinflusst (Jiang & Kim, 2020).

02) Anreizsysteme für Manager:

Ein weiterer Mechanismus, der eine gute CG innerhalb eines Unternehmens fördert, besteht darin, das Top-Management anreizbasiert zu vergüten und so Managerfehlverhalten einzudämmen. Die Gesamtvergütung[42] eines Managers in China setzt sich aus einer fixen (z. B. dem Grundgehalt) und variablen Komponenten (z. B. Managerboni, Aktienoptionen[43]) zusammen (Kato & Long, 2006). Im Hinblick

---

[40] Dixon, Guariglia und Vijayakumaran (2017) beziffern den von Managern im Durchschnitt insgesamt gehaltenen Aktienanteil im Jahr 2010 auf ca. 8 %. Dieser betrug vergleichsweise noch vor 2000 weniger als 1 % (Tian & Estrin, 2008).

[41] Von 2003 bis 2018 ist eine durchschnittliche Beteiligungsquote in Höhe von 6 % der gesamten in China registrierten institutionellen Anleger an einem chinesischen börsennotierten Unternehmen (*hierunter fallen sowohl SOE als auch Nicht-SOE*) zu verzeichnen. Hinsichtlich der relativ niedrigen Beteiligungsquote ist anzumerken, dass der chinesische Staat die Beteiligungsquote an jeweils einem chinesischen börsennotierten Unternehmen auf maximal 10 % festgesetzt hat (Jiang & Kim, 2020). Deswegen sind institutionelle Anleger in China keine Großaktionäre (Jiang & Kim, 2015).

[42] Hierzu zeigten Jiang und Kim (2015) in ihrer Studie auf, dass die Gesamtvergütung der vom Top-Management geführten SOE im Zeitraum von 1999 bis 2012 rapide angestiegen ist. Sie lag für 2012 im Median bei 470.000 RMB. Genauso kristallisierte sich heraus, dass die Gesamtvergütung des Top-Managements von SOE nach 2007 über dem des Top-Managements von Nicht-SOE lag. Als Ursachen nennen Jiang und Kim (2015) die ab 2007 durchgeführten Börsenlistungen zahlreicher SOE sowie die von CSRC am 31. Dezember 2005 erlassene Manager-Vergütungsrichtlinie „Measures of Equity Incentive in Listed Firms", in der SOE angehalten werden, Anreizmechanismen zu entwickeln, um das Top-Management zu motivieren.

[43] Bis noch vor 2006 sind Aktienoptionen als variabler Vergütungsbestandteil vom chinesischen Gesetzgeber ausgeschlossen gewesen. Mittlerweile haben Aktienoptionen auch in China deutlich an Bedeutung dazu gewonnen, da dadurch Managerinteressen und Shareholder-Interessen in Einklang gebracht werden können (Kato & Long, 2006).

auf SOE heben Jiang und Kim (2015) allerdings hervor, dass die monetäre Vergütung als Anreizmechanismus für das Top-Management von nachrangiger Bedeutung[44] ist. Angesichts dieser Feststellung liegt die Schlussfolgerung nahe, dass das monetäre Anreizsystem in China kein wirksamer Treiber für die CG ist.

3.4.2 Externe Corporate Governance Mechanismen

Externe CG-Mechanismen umfassen die definierten Rahmenbedingungen außerhalb der Unternehmen, die sowohl vom Staat als auch vom Markt bestimmt werden (Weir, Laing & McKnight, 2002).

01) Regulatorische Rahmenbedingungen

Ein grundlegendes regulatorisches Rahmenwerk wird seit knapp 20 Jahren in China aufgebaut. Zu den aus Sicht der CG wichtigsten Gesetzeseinführungen zählten insbesondere das GesG und WpG, mit denen sukzessive der Anlegerschutz in China verbessert wurde (Jiang & Kim, 2020). Nichtsdestotrotz legt die von der ACGA im Jahr 2017 durchgeführte Befragung ausländischer Anleger in China offen, dass ausländische Investoren die aktuelle juristische Ausgestaltung des Anlegerschutzes als weiterhin verbesserungsfähig einstufen (ACGA, 2018b). Diesem Umfrageergebnis liegen mehrere Problembereiche zugrunde: Erstens sind Minderheitsaktionäre chinesischer börsennotierter SOE gegenüber dem Mehrheitsaktionär oder anderen Großaktionären im rechtlichen Sinne unterlegen (Jiang & Kim, 2020). Aus diesem Grund ist ein zwangsläufiger Kapitalraub an Minderheitsaktionären unumgänglich, zumal von Regulierungsbehörden unternommene Versuche, ein solches Expropriationsverhalten der Großaktionäre zu unterbinden, fehlschlugen (Wong, 2014). Zweitens ist die Unabhängigkeit der chinesischen Gerichte und Regulierungsbehörden anzuzweifeln, da diese eng mit dem chinesischen Staat verflochten sind (ACGA, 2018a; Wong, 2014). Drittens sind die im

---

[44] Hierfür sind mehrere Ursachen zu nennen: Zum einen erfolgt häufig in SOE eine Deckelung der Managementvergütung. Diese Obergrenze entspricht oft einem festgelegten Vielfachen des durchschnittlichen SOE Arbeitnehmerentgelts, womit beabsichtigt wird, das soziale Gleichgewicht innerhalb der SOE aufrechtzuerhalten (Jiang & Kim, 2015). Zum anderen sind Top-Manager gleichzeitig als Regierungsangestellte anzusehen, die nach Beendigung ihrer Amtszeit als Top-Manager in Regierungsämter zurückkehren. Ihr Hauptanreiz besteht demnach darin, in eine hochrangige Regierungsposition befördert zu werden (Jiang & Kim, 2015; Wong, 2014) sowie aufgrund der relativ niedrigen monetären Gesamtvergütung zumindest die ihnen zustehenden nichtmonetären Vergünstigen zu maximieren (Adithipyangkul, Alon & Zhang, 2009; Kato & Long, 2006).

Wertpapiergesetz vorgesehen Sanktionen und Bußgelder[45] als zu milde einzustufen. Deswegen ist die von den Sanktionen und Bußgeldern ausgehende Abschreckungsfunktion[46] beschränkt (Jiang & Kim, 2015). Insgesamt ist dennoch innerhalb von 20 Jahren eine rasche Verbesserung der Regulierung bzw. des Anlegerschutzes festzustellen. Noch existente Schwachstellen in den rechtlichen Rahmenbedingungen werden mit einer hohen Wahrscheinlichkeit künftig adressiert (Jiang & Kim, 2015, 2020).

02) Markt für Unternehmensübernahmen

Das besondere Merkmal eines aktiven Marktes für Unternehmensübernahmen aus Sicht der CG ist die in ihm verankerte Disziplinierungsfunktion, die Auswirkungen auf das extrinsisch- sowie intrinsisch-motivierte Verhalten des Top-Managements hat. Denn auf der einen Seite wird das Top-Management dazu angehalten, im Sinne der Unternehmenseigentümer zu handeln (Cain, McKeon & Solomon, 2017), und auf der anderen Seite besteht die Gefahr aus Sicht des Top-Managers, bei Übernahme des von ihm geleiteten Unternehmens seinen Top-Manager Posten zu verlieren (Jiang & Kim, 2015). Im Gegensatz dazu trifft die beschriebene Disziplinierungsfunktion auf den chinesischen Markt für Unternehmensübernahmen nicht zu, vielmehr ist er sogar als inaktiver Markt zu bezeichnen (Jiang & Kim, 2015, 2020; Lin et al., 2020; Yang, Chi & Young, 2011), der ausschließlich Übernahmetransaktionen zwischen SOE[47] abbildet (ACGA, 2018b). Aus der Literatur wird deutlich, dass der chinesische Staat als Mehrheitsaktionär der SOE und durch seine Nicht-Bereitschaft, Anteile an die SOE zu veräußern, die primäre Barriere hinsichtlich der Entwicklung eines aktiven Markts für Unternehmensübernahmen darstellt (Jiang & Kim, 2015; Lin et al., 2020).

---

[45] Siehe hierzu im Kapitel 13 des im Jahr 2019 überabeiteten WpG (Lawinfochina, 2020).

[46] Im Jahr 2017 sind insgesamt 224 CSRC-Durchsetzungsklagen prozessiert worden. Die damit verbundenen Geldstrafen lagen bei 7,5 Milliarden RmB. Dies entspricht einem Anstieg gegenüber 2016 um 22 % bzw. 74 % (ACGA, 2018a).

[47] Basierend auf der Deregulierung des Marktes für Unternehmensübernahmen erfolgten allein im Jahr 2014 481 Übernahmen unter den SOE im Gesamtvolumen von 36 Milliarden US Dollar. Im Jahr 2017 ist eine Übernahmeanzahl von 126 im Gesamtvolumen von 126 Milliarden US-Dollar festzustellen (ACGA, 2018b). Das Gesamtvolumen hat sich damit innerhalb von drei Jahren um 350 % gesteigert.

4 Chinesischer Corporate Governance Kodex (CCGK)

4.1 Überblick und Analyse allgemeiner Eckpunkte des CCGK

In diesem Kapitel werden allgemeine Eckpunkte des überarbeiteten CCGK betrachtet. Dafür werden zunächst der Hintergrund und die mit dem neu gefassten CCGK verbundenen Ziele thematisiert. Anschließend wird die umstrukturierte Gliederung des CCGK präsentiert und aus Sicht des Verfassers analysiert. Danach wird die aus dem CCGK hervorgehende in Frage zu stellende rechtliche Bindung für börsennotierte Unternehmen in China behandelt. Sämtliche in Kapitel vier kontextualisierten Paragraphen zum CCGK beziehen sich ausschließlich auf die aktuelle Fassung des Jahres 2018.

4.1.1 Hintergrund und Ziele des CCGK

Zum Hintergrund der Kodex-Überarbeitung ist anzuführen, dass der CCGK Schwachstellen wie beispielsweise einen nicht rechtlich verpflichtenden Anwendungscharakter und fehlende Sanktionsmaßnahmen aufwies, weswegen er wenig praxisrelevant war (Audit Committee Institute, 2014). Zudem inkorporierte die Vorgängerversion des CCGK einen mangelnden Schutz von Minderheitsaktionärsrechten, die im Kontrast zu den umfassenden Rechten von Mehrheitsaktionären standen. Als Folge wurde die Überarbeitung des CCGK mit den Zielen vorgenommen, mehr Gewicht auf die Offenlegung von Informationen, auf die Rechenschaftspflicht der Vorstandsmitglieder und auf die Diversität innerhalb des Vorstandorgans zu legen. Auch wurde die forcierte Stärkung der Minderheitsaktionärsrechte fokussiert sowie die weitere Einschränkung der Rechte von Mehrheitsaktionären (Lin, 2019).

4.1.2 Struktur des CCGK

Im Zuge der Überarbeitung des CCGK hat sich die CSRC dazu entschieden, den CCGK mit weiterer inhaltlicher Substanz anzureichern, um die mit der Überarbeitung verfolgten Zielen zu erreichen. Abbildung 6 zeigt eine Gegenüberstellung der beiden Inhaltsverzeichnisse, gekürzt um die Unterkapitel[48].

---

[48] Abbildung 18 enthält eine Gegenüberstellung der Inhaltsverzeichnisse inklusive der Unterkapitel, siehe im Anhang auf S. 74.

CCGK in der Fassung vom 07.02.2002	CCGK in der Fassung vom 1. 10.2018
Präambel	Kapitel 1: Allgemeine Grundsätze
Kapitel 1: Aktionäre und Hauptversammlung	Kapitel 2: Aktionäre und Hauptversammlung
Kapitel 2: Börsennotiertes Unternehmen und zugehöriger Mehrheitsaktionär	Kapitel 3: Vorstandsmitglieder und das Vorstandsorgan
	Kapitel 4: Aufsichtsratsmitglieder und das Aufsichtsratsorgan
Kapitel 3: Vorstandsmitglieder und das Vorstandsorgan	Kapitel 5: Leitende Angestellte, Anreiz- und Disziplinarsysteme
Kapitel 4: Aufsichtsratsmitglieder und das Aufsichtsratsorgan	
Kapitel 5: Leistungsbewertungen und Anreiz- und Disziplinarsysteme	Kapitel 6: Mehrheitsaktionäre, nahestehende Parteien und börsennotierte Unternehmen
Kapitel 6: Stakeholder	Kapitel 7: Institutionelle Anleger und andere kapitalverwaltende Institutionen
Kapitel 7: Offenlegung und Transparenz von Informationen	
Kapitel 8: Ergänzender Paragraph	Kapitel 8: Stakeholder, Umweltschutz und soziale Verantwortung
	Kapitel 9: Offenlegung und Transparenz von Informationen
	Kapitel 10: Ergänzende Bestimmungen

Abbildung 6: Inhaltsgliederung des aktuellen CCGK und der dazugehörigen Vorgängerversion im Vergleich (Eigene Darstellung)

Wenngleich die Inhalte auf den ersten Blick ähnlich erscheinen, fällt dennoch auf, dass es Unterschiede im Aufbau des CCGK gibt. Die neu gefasste Version beinhaltet zwei zusätzliche Kapitel. In Kapitel acht werden neuartige Themen adressiert wie der Umweltschutz oder die unternehmerische Sozialverantwortung. Damit trifft der CCGK den Zeitgeist verantwortungsvoller Unternehmensführung. Außerdem werden institutionelle Anleger und andere kapitalverwaltende Institutionen isoliert in Kapitel sieben betrachtet. Die dazugehörenden Paragraphen stellen neuen Inhalt dar, der in der Vorgängerversion gänzlich fehlte. Daneben sind beispielsweise Themenfelder wie Transaktionen zwischen verbundenen Parteien oder leitenden Angestellten vom Rang eines Unterkapitels in der Vorgängerversion in den Rang eines Kapitels in der aktuellen Version erhoben worden. Die umgekehrte Vorgehensweise ist beispielsweise beim Thema Leistungsbewertung zu erkennen. Die Präambel wiederum ist in der aktuellen Fassung des CCGK in Kapitel eins integriert worden. Ebenfalls ist zu anzumerken, dass die Kapitel zwei, vier und neun der aktuellen Fassung um entsprechende Unterkapitel gekürzt wurden. Der inhaltliche Aufbau von Kapitel drei blieb unverändert. Zusammenfassend ist festzustellen, dass die aktuelle Gliederung des CCGK wesentlich kompakter und überschaubarer wirkt.

Was die Gesamtzahl der Paragraphen des CCGK betrifft, so ist ein Anstieg von 95 auf 98 Paragraphen in der aktuellen Version zu konstatieren. Davon haben insgesamt 81 Paragraphen einen empfehlenden Charakter, 6 Paragraphen einen anregenden Charakter und weitere 11 einen klarstellenden Charakter.

Abbildung 7 gibt einen Gesamtüberblick über die Verteilung der Paragraphen pro Kapitel.

Kapitel	Empfehlungen	Anregungen	Klarstellende Paragraphen	Summe
Kapitel 1: Allgemeine Grundsätze	4	0	2	6
Kapitel 2: Aktionäre und Hauptversammlung	10	0	1	11
Kapitel 3: Vorstandsmitglieder und das Vorstandsorgan	20	2	4	26
Kapitel 4: Aufsichtsratsmitglieder und das Aufsichtsratsorgan	5	2	0	7
Kapitel 5: Leitende Angestellte, Anreiz- und Disziplinarsysteme	12	0	0	12
Kapitel 6: Mehrheitsaktionäre, nahestehende Parteien und börsennotierte Unternehmen	15	0	0	15
Kapitel 7: Institutionelle Anleger und andere kapitalverwaltende Institutionen	2	1	2	5
Kapitel 8: Stakeholder, Umweltschutz und soziale Verantwortung	5	0	0	5
Kapitel 9: Offenlegung und Transparenz von Informationen	7	1	1	9
Kapitel 10: Ergänzende Bestimmungen	1	0	1	2
Summe	81	6	11	98

Abbildung 7: Gesamtschau der Empfehlungen und Anregungen im CCGK vom 10/2018 (Eigene Darstellung)

4.1.3 Rechtsnatur des CCGK

Im Hinblick auf den chinesischen Rechtsrahmen[49] zur CG ist der CCGK in die Ebene der regulatorischen Bestimmungen einzuordnen, die von staatlichen Behörden wie der CSRC erlassen werden (OECD, 2011). Die einzelnen Paragraphen des CCGK scheinen per se keiner Anwendungspflicht zu unterliegen (§ 2 CCGK), was auch an ihrem empfehlenden bzw. anregenden Charakter deutlich wird, sodass diese im Umkehrschluss von den Gerichten im Falle einer Konformitätsklage nicht durchgesetzt werden können (Lin, 2019). Allerdings besteht dennoch eine Anwendungspflicht durch die Hintertür in Gestalt des § 6. Danach kann die CSRC bei Nichtkonformität mit dem CCGK eingreifen und entsprechende Konformitätszwänge anordnen.

4.2 Überblick substanzieller Eckpunkte des CCGK

Im folgenden Kapitel werden entlang der Inhaltsgliederung des CCGK die aus Sicht des Verfassers relevantesten Paragraphen präsentiert, um dem Leser Zugang zur Materie des CCGK zu ermöglichen. Dieses Vorgehen soll den Übergang in das nachfolgende Analysekapitel 4.3 aus der Leserperspektive erleichtern.

---

[49] Dieser umfasst vier Ebenen: Grundgesetze (z. B. das GesG), Verwaltungsvorschriften, regulatorische Bestimmungen und Selbstdisziplinierungsregeln (OECD, 2011).

4.2.1 Allgemeine Grundsätze

Der CCGK empfiehlt einleitend den Börsenunternehmen eine CG zu praktizieren, die sowohl die Umwelt und soziale Unternehmerverantwortung als auch die Wahrung von Shareholder- und Stakeholder-Rechten als wesentlich betrachtet (§ 3). § 4 legt Vorstandsmitgliedern, AR-Mitglieder und leitenden Angestellten die Teilnahme an regelmäßigen Weiterbildungskursen nahe, damit diese dem Profil, das aus ihrer Position resultiert, auch gerecht werden. In § 5 heißt es weiter, dass Börsenunternehmen einen Parteiausschuss der KPC innerhalb ihrer Organisation aufbauen sollen, der als Durchführungsorgan von Parteiaktivitäten fungiert.

4.2.2 Aktionäre und Hauptversammlung

Das zweite Kapitel des CCGK ist in zwei Unterkapiteln aufgeteilt: (1) *Aktionärsrechte* und (2) *Regeln für die Hauptversammlung*.

Der Schutz der legitimen Interessen von Minderheitsaktionären als Bestandteil der CG wird erstmalig in § 8 hervorgehoben. Hiermit gekoppelt wird in § 11 Aktionären das aktive Klagerecht zugesprochen, um die ihnen zustehenden Rechte zu wahren. Zur Verbesserung der Kommunikation zwischen dem Börsenunternehmen und den Aktionären empfiehlt der CCGK in § 9 den Aufbau geeigneter Kommunikationskanäle. Damit geht ebenso eine erleichterte Ausübung der Aktionärsrechte einher, die das Informations-, Beteiligungs- und Aufsichtsrecht über wichtige Unternehmensentscheidungen inkludiert. Der Dividendenanspruch des Aktionärs wird in § 10 adressiert. Danach soll die Festlegung und Offenlegung einer klaren Dividendenpolitik, insbesondere in Form einer Bardividende, erfolgen.

Das besondere Merkmal des § 15 ist, dass den Aktionären nun entweder die physische oder digitale HV-Teilnahme inklusive der Onlinestimmabgabe eingeräumt wird. Weiter ist in § 15 klargestellt, dass die HV jedem Tagesordnungspunkt der HV-Agenda eine angemessene Zeit zur Diskussion einräumen soll, und dass Aktionäre einen Bevollmächtigten ernennen können, der in ihrem Namen abstimmt. Ebenfalls wichtig in § 16 ist, dass die Stimmangabe keiner notwendigen Aktienbeteiligungsquote unterliegt, und dass Aktionäre sämtliche Informationen offenlegen sollen, die diese zur Stimmabgabe benötigen. Die Wahl der Vorstandsmitglieder und AR-Mitglieder sollte auch von den Minderheitsaktionären getragen werden. Hierzu verpflichtet § 17 Börsenunternehmen dazu, dass, falls ein Großaktionär mehr als 30 % der Unternehmensaktien hält, die Anwendung des kumulativen Stimmabgabesystems zum Schutz der Minderheitsaktionäre erfolgen muss.

4.2.3 Vorstandsmitglieder und das Vorstandsorgan

Das dritte Kapitel ist gemessen an der Gesamtzahl der darin enthaltenen Empfehlungen und Anregungen das umfangreichste des CCGK. Insgesamt untergliedert sich dieses Kapitel in sechs weitere Unterkapitel: (1) *Wahl und Ernennung der Vorstandsmitglieder*, (2) *Pflichten und Verantwortlichkeiten der Vorstandsmitglieder*, (3) *Zusammensetzung und Aufgaben des Vorstandorgans*, (4) *Geschäftsordnung des Vorstandorgans*, (5) *Unabhängige Vorstandsmitglieder (Outside-Directors)* und (6) *Fachausschüsse des Vorstandorgans*.

Die Festlegung eines formellen und transparenten Verfahrens zur Nominierung, Wahl und Ernennung von potentiellen Vorstandsmitgliedern wird den Börsenunternehmen in § 18 empfohlen. Hinsichtlich der Informationseinholung seitens der Aktionäre empfiehlt der CCGK in § 19 den Börsenunternehmen, vor Einberufung der HV alle Informationen über potentielle Vorstandsmitglieder offenzulegen, deren Wahrhaftigkeit, Genauigkeit und Vollständigkeit seitens dieser Personengruppe schriftlich garantiert wird. Daneben sind schriftliche Vereinbarungen zwischen den Börsenunternehmen und den ernannten Vorstandsmitgliedern zu treffen, die u. a. die beidseitigen Rechte und Pflichten, die Amtsdauer, die Haftung des Vorstandsmitglieds im Falle eines Gesetzesverstoßes und Kompensationsansprüche des Vorstandsmitglieds bei vorzeitiger Beendigung der Amtsdauer regelt (§ 20).

Vorstandsmitglieder verpflichten sich, den aus ihrem Arbeitsvertrag hervorgehenden Pflichten im Einklang mit den Gesetzen, Vorschriften und der Satzung des Börsenunternehmens nachzukommen (§ 21). Hat das Börsenunternehmen aufgrund gesetzeswidriger Geschäftspraktiken des Vorstands Verluste erlitten, so ist der Vorstand gegenüber dem Börsenunternehmen zur Entschädigung verpflichtet (§ 23). Gemäß § 22 ist dem Vorstand zur angemessenen Wahrnehmung seiner Pflichten ausreichend Zeit und Aufmerksamkeit einzuräumen. Ebenso sieht der CCGK vor, dass Vorstandsmitglieder an den Vorstandssitzungen teilnehmen und ihre Ansichten zu den verschiedenen Tagesordnungspunkten einbringen. Es besteht zudem die Möglichkeit, bei Verhinderung der Teilnahme an einer Vorstandssitzung ein anderes Vorstandsmitglied schriftlich zu bevollmächtigen, das dann im Namen und im Sinne des verhinderten Vorstandsmitglieds abstimmt. Hiervor sind explizit unabhängige Vorstandsmitglieder (Outside-Director) ausgeschlossen.

Das Börsenunternehmen hat bei der Zusammensetzung des Vorstandorgans und bei der Einhaltung der Anzahl an Vorstandsmitgliedern sowohl Gesetzesanforderungen zu berücksichtigen als auch dafür Rechnung zu tragen, dass diese über ausreichend Berufserfahrung und geeignete Geschäfts- und Branchenkenntnisse verfügen. Weiter heißt es in § 25, dass das Thema der Diversität im Vorstand gefördert werden soll. Zur Unterstützung der Vorstandsarbeit ist die Installierung eines Vorstandssekretärpostens vorzunehmen. Als Mitglied der Geschäftsleitung ist dem Vorstandssekretär die Teilnahme an Vorstandssitzungen und der Zugang zu relevanten Dokumenten zu ermöglichen. Die Behinderung der Ausübung der Vorstandssekretär-Aufgaben ist ausdrücklich durch den CCGK untersagt (§ 28).

Das Börsenunternehmen hat eine Geschäftsordnung für den Vorstand auszuarbeiten und diese der HV zur Genehmigung vorzulegen (§ 29). Die Agenda der Vorstandssitzungen ist im Voraus festzulegen (§ 30) und den einzelnen Vorstandsmitgliedern zwecks Überprüfung vorzulegen. Befinden mindestens zwei unabhängigen Vorstandsmitglieder die Agenda oder einzelne Tagesordnungspunkte für unzureichend, so steht diesen die Möglichkeit eines schriftlichen Antrags zur Vertagung der Sitzung oder zur Verschiebung der Diskussion des jeweiligen Tagesordnungspunktes zu. Der Vorstand wiederum sollte dem Antrag stattgeben und die angeforderten Informationen zur Lösung des Sachverhaltes liefern (§ 31). Zur Nachvollziehbarkeit der besprochenen Inhalte der Vorstandssitzung sind Protokolle wahrheitsgetreu, genau und vollständig zu verfassen und von den anwesenden Vorstandsmitgliedern, dem Vorstandssekretär und dem Protokollführer zu unterschreiben (§ 32).

Die Einführung von unabhängigen Vorstandsmitgliedern als integraler Bestandteil der CG des Börsenunternehmens ist im § 34 des CCGK kodifiziert. Dem unabhängigen Vorstandsmitglied ist danach jegliche Postendualität innerhalb des Börsenunternehmens untersagt, mit Ausnahme der Besetzung einer Position im Prüfungs-, Nominierungs- oder Vergütungs- und Leistungsbewertungsausschusses. Die Auswahl und die Profilfestlegung des unabhängigen Vorstandsmitglieds obliegt dem Börsenunternehmen (§ 35). Zur Wahrung der Unabhängigkeit unter-sagt der CCGK dem unabhängigen Vorstandsmitglied jegliche Verbindung zum Börsenunternehmen oder zum Großaktionär (§§ 35-36), sodass in Bezug auf die Rechte und Interessen von Minderheitsaktionären unabhängigen Vorstandsmit-gliedern eine schützende Rolle zugesprochen wird (§ 37). Ferner ist auf der jährli-chen HV von den unabhängigen Vorstandsmitgliedern über positive und negative Vorkommnisse zu berichten (§ 37). Zur Stärkung ihrer Position im Vorstandsor-gan sieht der CCGK in § 37 vor, dass diese bei Eintritt von Vorkommnissen, die sich wesentlich auf den Betrieb oder das Management des Börsenunternehmens auswirken, aktiv ihren Pflichten nachkommen und zum Schutz der Gesamtinteres-sen des Börsenunternehmens agieren.

Überdies empfiehlt der CCGK die Einrichtung eines Prüfungsausschusses (§ 38) und definiert folgende von ihm wahrzunehmende Hauptaufgaben: Erstens soll vom Prüfungsausschuss eine Empfehlung hinsichtlich des zu beauftragenden Jah-resabschlussprüfers ausgehen. Zweitens ist die Arbeit der Internen Revision zu beaufsichtigen und zu bewerten sowie die Koordination zwischen der Internen Revision und dem Jahresabschlussprüfer zu gewährleisten. Die dritte Aufgabe umfasst die Prüfung und Verifizierung des Ergebnisses der Jahresabschlussprü-fung und dessen Offenlegung. Aufgabe vier beinhaltet die Beaufsichtigung und Bewertung des internen Kontrollsystems des Börsenunternehmens (§ 39).

Außerdem wird der Aufbau eines Unternehmensstrategie-, Nominierungs-, Vergütungs- und Leistungsbewertungsausschusses angeregt (§ 38). Zu den Hauptaufgaben des Nominierungsausschusses gehören: Die Gewährleistung der Einhaltung der geltenden Verfahrensregeln zur Wahl der Vorstandsmitglieder sowie die Auswahl geeigneter und qualifizierter Kandidaten für einen Vorstands-posten, und drittens die Überprüfung der Kandidaten sowie die entsprechende Empfehlungsabgabe an die HV (§ 41). Dem Vergütungs- und Leistungsbewer-tungsausschuss sind folgende Aufgaben zugewiesen: Die vorgelagerte Entwick-lung der Beurteilungsstandards für Vorstandsmitglieder und leitende Angestellten sowie die nachgelagerte Durchführung der Beurteilungen und letztlich die Abgabe von Empfehlungen, basierend auf den Beurteilungsergebnissen. Zusätzlich sind die existenten Vergütungsrichtlinien, nach denen sich die Vergütung bemisst, vom Vergütungs- und Leistungsbewertungsausschuss zu überprüfen (§ 42). Auch ist zur Wahrung der Unabhängigkeit des Börsenunternehmens von seinen Mehrheits-

aktionären die Mehrheit der Mitglieder des Prüfungs-, Nominierungs-, Vergü-
tungs- und Leistungsbewertungsausschusses von unabhängigen Vorstandsmitgliedern zu stellen. (§ 38)

4.2.4 Aufsichtsratsmitglieder und das Aufsichtsratsorgan

Bei der der Zusammensetzung des AR ist zu beachten, dass dieser unabhängig
vom Börsenunternehmen und von Mehrheitsaktionären agiert (§ 45). Ebenso hebt
§ 44 ausdrücklich die Arbeitnehmervertreter als wesentlichen Bestandteil des AR
hervor. Mit Blick auf die durchzuführenden Aufgaben des AR ist seitens des Börsenunternehmens zu beachten, dass AR-Mitglieder über einschlägige Fachkennt-
nisse und Berufserfahrung verfügen (§ 45). Eine gleichzeitige Besetzung eines
AR- und Vorstandpostens bzw. eine Stelle als leitender Angestellter wird im § 45
ausgeschlossen. Bei Bedarf regt der CCGK den AR an, sich Unterstützung in
Form externer Prüfer einzuholen (§§ 45 und 47). Die §§ 46-47 beziehen sich auf
das Aufgabenspektrum des AR. In ihnen empfiehlt der CCGK den Börsenunternehmen, den AR bei der Erfüllung seiner Pflichten und Aufgaben zu unterstützen
und jegliche Behinderung des AR bei der Ausübung von Finanzprüfungen oder
Ordnungsmäßigkeitsprüfungen zu unterbinden. Zur weiteren Informationseinholung regt der CCGK den AR an, bei Bedarf leitende Angestellte, interne und externe Revisoren sowie andere Befragungsgruppen als Gast an AR-Sitzungen teilnehmen zu lassen (§ 48). Stellt sich hierbei heraus, dass Vorstandsmitglieder oder
leitende Angestellte gesetzeswidrig gehandelt haben, so ist dem Vorstand, der
HV, der CSRC, den Börsen und anderen zuständigen Behörden hierüber Bericht
zu erstatten (§ 50). Hiermit verbunden dient der sich aus der Finanzprüfung des
AR ergebende Bericht als wichtige Leistungsbemessungsgrundlage der Vorstandsmitglieder und leitenden Angestellten (§ 49).

4.2.5 Leitende Angestellte, Anreiz- und Disziplinarsysteme

Kapitel fünf des CCGK befasst sich mit drei Themengebieten, denen jeweils ein
Unterkapitel zugeordnet ist: (1) *Leitende Angestellte*, (2) *Leistungsbewertung* und
(3) *Vergütung und Anreize*.

Der Rekrutierungsprozess leitender Angestellter soll fair und transparent
sein. Dies bedeutet konkret, dass die Ernennung, Einstellung und Entlassung leitender Angestellter frei von Einflüssen des Mehrheitsaktionärs oder anderer
Großaktionären erfolgen soll. Der CCGK betont hierzu explizit, dass unter keinen

Umständen die HV oder der Vorstand zum Zwecke der Einstellung oder Entlassung eines potentiellen Kandidaten vom Mehrheitsaktionär oder anderen Großaktionären umgangen werden soll (§ 51).

Die Leistungsbeurteilung der Vorstandsmitglieder und der leitenden Angestellten erfolgt durch die unabhängigen Vorstandsmitglieder oder durch den Vergütungs- und Leistungsbewertungsausschuss. Demgegenüber regt der CCGK an, dass die Leistungsbeurteilung von unabhängigen Vorstandsmitgliedern und AR-Mitgliedern sowohl durch Selbstbeurteilung als auch durch Begutachtung externer Experten durchgeführt werden kann (§ 56). Auf der jährlichen HV ist seitens des Vorstands und AR Bericht über den Erfüllungsgrad ihrer Pflichten, die Ergebnisse der Leistungsbeurteilungen und die gewährten Vergütungen zu erstatten. Diese Information sind seitens des Börsenunternehmens offenzulegen (§ 57).

Das Börsenunternehmen soll einen Vergütungsmechanismus einrichten, der die Unternehmensleistung sowie die Einzelleistung in die Vergütung einpreist. Dadurch soll die Akquirierung von qualifiziertem Personal und die Unternehmensbindung langjähriger Mitarbeiter, wie z. B. leitender Angestellter, gewährleistet werden (§ 58). Ergänzend regt der CCGK in § 62 an, dass das Börsenunternehmen weitere monetäre Anreize einführt, wie z. B. Aktienoptionen oder Aktienbeteiligungspläne, um die Innovationsfähigkeit und nachhaltige Entwicklung zu fördern. Die Befugnis über die Festlegung der Vergütung des Vorstandsorgans und der Aufsichtsräte obliegt der HV (§ 60). Die Entlohnung leitender Angestellter bemisst sich nach dem Vergütungsverteilungsplan, der vom Vorstand genehmigt wird. Dieser ist im Nachgang der HV zu erläutern und vollständig offenzulegen (§ 60).

4.2.6 Mehrheitsaktionär, nahestehende Parteien und Börsenunternehmen

Das sechste Kapitel des CCGK ist in drei Unterkapitel aufgeteilt: (1) *Verhaltenskodex für Mehrheitsaktionäre und nahestehende Parteien*, (2) *Unabhängigkeit des Börsenunternehmens* und (3) *Transaktionen zwischen verbundenen Parteien*.

Mehrheitsaktionäre sind dem Börsenunternehmen zur Treue verpflichtet. Jede Untergrabung der von ihnen zu befolgenden Pflichten oder Interessen des Börsenunternehmens und anderer Aktionäre ist zu unterlassen (§ 63). Hierzu zählt z. B. die Einhaltung von Vorschriften hinsichtlich der Nominierung von Vorstands- und AR-Kandidaten (§ 64) sowie die Nichtfestlegung von HV-

Entscheidungsverfahren (§ 65). Bei einem Kontrollwechsel innerhalb des Börsenunternehmens sind während der Übergangzeit geeignete Maßnahmen zur Aufrechterhaltung des Betriebs zu ergreifen. Genauso sind beim Auftreten wesentlicher Probleme im Betriebsablauf das CSRC und die für das Börsenunternehmen relevanten Börsen zu informieren (§ 67).

Zur Wahrung der Unabhängigkeit des Börsenunternehmens von seinem Mehrheitsaktionär ist es erforderlich, dass eine personelle, finanzielle, institutionelle und geschäftliche Trennung besteht (§§ 68 und 73). Hierzu sieht der CCGK in § 71 vor, dass die Einflussnahme der Mehrheitsaktionäre auf das Rechnungslegungssystem blockiert wird. Auf personeller Ebene der leitenden Angestellten ist zu beachten, dass diesen eine parallele Ausübung eines Vorstands- und AR-Postens in den Tochtergesellschaften des Börsenunternehmens möglich ist (§ 69). Die finanzielle Ebene adressiert der CCGK in § 70, indem darauf hingewiesen wird, dass das von den Mehrheitsaktionären investierte Kapital unter keinen Umständen missbräuchlich verwendet werden soll (§ 70). In § 72 betont der CCGK ausdrücklich die institutionelle Unabhängigkeit des Vorstands, des AR und anderer Stabsabteilungen des Börsenunternehmens von seinen Mehrheitsaktionären sowie die Unterbindung des von Mehrheitsaktionären ausgehenden Einflusses auf die Geschäftstätigkeit.

Transaktionen des Börsenunternehmens mit Verbundparteien sind schriftlich zu fixieren und offenzulegen (§§ 74-75). In §§ 76-77 unterstreicht der CCGK mögliche Maßnahmen des Unternehmens, die Mehrheitsaktionäre daran hindern sollen, ihnen nicht zustehendes Kapital abzuschöpfen und Gewinne sowie die Offenlegung der realen Beteiligungsverhältnisse am Unternehmen zu manipulieren.

4.2.7 Institutionelle Anleger und andere kapitalverwaltende Institutionen

Der CCGK weist institutionellen Anlegern eine aktive Rolle in der CG des Börsenunternehmens zu und fordert diese im § 78 auf, aktiv ihre Aktionärsrechte wie das Stimm-, Untersuchungs- und Beratungsrecht wahrzunehmen. Konkretisierend regt der CCGK institutionelle Anleger in § 79 an, wesentliche Entscheidungsfindungen mitzutragen, wie beispielsweise die Empfehlung von Vorstands- und AR-Kandidaten und die Leistungsbeurteilung von Vorstandsmitgliedern und AR-Mitgliedern. Des Weiteren werden institutionelle Anleger beim Informationsaustausch mit der Öffentlichkeit dazu ermutigt, die im Zusammenhang mit ihrer Be-

teiligung am Börsenunternehmen verbundenen Ziele, Grundsätze und Stimm-
rechtsabgaben offenzulegen (§ 80). Ferner empfiehlt der CCGK im § 82 der
Schutzvereinigung für Minderheitsaktionäre durch das Halten einer Aktienbeteili-
gung direkte Einflussnahme auf den Schutz der Minderheitsaktionäre auszuüben.

4.2.8 Stakeholder, Umweltschutz und soziale Verantwortung

Der CCGK erkennt die verschiedenen Stakeholdergruppen wie Banken, Mitarbeiter, Kunden, Lieferanten und die Öffentlichkeit als wichtige CG-Akteure hinsichtlich einer nachhaltigen Entwicklung des Börsenunternehmens an. Dementsprechend empfiehlt der CCGK in § 83, deren Rechte und Interessen zu wahren. Außerdem regt er an, eine wirksame Kommunikation und Zusammenarbeit mit den
Stakeholdern zu pflegen. Darüber hinaus empfiehlt der CCGK in § 85 Börsenunternehmen die Unterstützung von Gewerkschaften. Danach sollen seitens des Vorstands und des AR Maßnahmen zur Kommunikation implementiert werden, die
den Austausch mit den Mitarbeitern – zum Zwecke der Gewinnung von relevanten Meinungsbildern bezüglich der innerbetrieblichen und finanziellen Bedingun-
gen im Unternehmen – fördern. In § 86 zielt der CCGK darauf ab, dass Börsenunternehmen in ihrer Unternehmensstrategie ökologische und umweltschutzfördern-
de (z. B. Vermeidung von Umweltverschmutzung, Ressourcenerhaltung) Aspekte
berücksichtigen. Auch sollen Börsenunternehmen ihrer sozialen Verantwortung
gerecht werden, indem sie sich aktiv in den Bereichen des Gemeinwohls, der Ka-
tastrophenhilfe und der Armutsbekämpfung engagieren. Als Beispiele nennt der
CCGK konkret die Unterstützung von armutsbetroffenen Bezirken und Dörfern
durch Hilfsleistungen bei der Entwicklung der lokalen Industrie und Förderung
der Beschäftigungsquote (§ 87). Informationen über ergriffene Maßnahmen im
Umwelt- und Sozialbereich sind vom Börsenunternehmen offenzulegen (§ 95).

4.2.9 Offenlegung und Transparenz von Informationen

Basierend auf § 88 des CCGK sollen Börsenunternehmen ein Managementsystem
für die Offenlegung von Informationen konzipieren und in die Organisation ein-
führen. Dem Vorstandssekretär kommt hierbei die in das Managementsystem in-
tegrierte Organisations- und Koordinationsrolle der Informationsoffenlegung zu
(§ 93). Überdies ist nach § 94 vom Börsenunternehmen ein internes Kontroll- und
Risikomanagementsystem (IKRS) einzurichten sowie eine Ad-hoc-Abteilung zu
gründen, die die Offenlegung von Finanzinformationen prüft und überwacht. Zu-

dem sind Information zur Weiterentwicklung des Unternehmens und Feststellungen des Wirtschaftsprüfers zur Wirksamkeit des IKRS offenzulegen (§ 94). Weiter sind nach § 88 falsche Aufzeichnung, irreführende Aussagen, größere Auslassungen oder andere Falschdarstellung im Rahmen der Informationsoffenlegung verboten.

Die Informationsoffenlegung ist in letzter Instanz vom Vorstand bzw. dem Vorstandvorsitzenden als Hauptverantwortlichen zu genehmigen (§§ 89 und 93).

Bezugnehmend hierauf empfiehlt der CCGK die Einführung eines Verhaltenskodex für die Informationsoffenlegung durch Vorstandsmitglieder, AR-Mitglieder und leitende Angestellten und die explizite Definition von Anwendungsfällen, die einer Freigabe des Vorstands bedürfen (§ 89). § 90 bezieht nun Aktionäre, die ein konkretes Beteiligungsverhältnis übersteigen, Geschäftspartner und andere Informationsveröffentlichungspflichtige in die Informationsoffenlegung des Börsenunternehmens mit ein, indem diese Anfragen des Börsenunternehmens hinsichtlich Änderungen ihrer Kapitalbeteiligungen, Beziehungen zu anderen Unternehmen und Einzelpersonen wahrheitsgemäß, genau und vollständig beantworten.

Ergänzend regt der CCGK Börsenunternehmen in § 91 dazu an, neben der obligatorischen Informationsoffenlegung auch freiwillig Informationen offenzulegen, die Aktionäre und andere Interessengruppen als entscheidungsnützlich befinden. Hiermit verbunden stellt der CCGK jedoch klar, dass freiwillig offengelegte Informationen keinesfalls zur Marktmanipulation, zum Insiderhandel oder zu anderen illegalen Aktivitäten missbraucht werden sollen.

4.3 Analyse substanzieller Eckpunkte des CCGK

Im vorliegenden Kapitel werden die substanziellen Regelungen des CCGK im Dreistufensystem analysiert: Den Einstieg stellt der Abgleich mit den G20/OECD-Grundsätze der CG. Er ist motiviert von der Fragestellung, in welchen Umfang sich die CSRC bei der Überarbeitung des CCGK an die *internationale Benchmark*[50] gehalten hat. Der zweite Teil konsolidiert in der aktuellen Forschung artikulierte Kritik an wesentlichen Regelungen im neu gefassten CCGK.

---

[50] Die OECD spielt seit ihrer erstmaligen Veröffentlichung der G20/OECD-Grundsätze der CG im Jahr 1999 eine wesentliche Rolle bei der Förderung der CG im Wirtschaftssektor. Daher ist das G20/OECD CG-Grundsatzrahmenwerk aus Sicht verschiedener Stakeholder zum internationalen Maßstab herangewachsen, der im globalen Kontext entscheidende Orientierungshilfe bei der Evolution der CG liefert (OECD, 2015).

Abschließend werden die Auswirkungen der substanziellen Regelungen des CCGK auf die Sonderform des chinesischen Two-Tier Systems und deren Zusammenwirken mit weiteren kritischen Standpunkten aus der Forschung beleuchtet.

4.3.1 Gemeinsamkeiten auf Basis der G20/OECD-Grundsätze der CG[51]

Aus § 1 des CCGK ist abzuleiten, dass dieser den Geist der OECD/G20 CG-Grundsätze verkörpert. Die nun folgende Untersuchung wird entlang der Inhaltsgliederung des CCGK durchgeführt.

Kapitel 2: Aktionäre und Hauptversammlung

Eine grundlegende Gemeinsamkeit ist, dass die OECD CG-Grundsätze ebenfalls in Kapitel zwei wesentliche Aktionärsrechte[52] adressieren und die Schutzbedürftigkeit der Aktionäre – insbesondere der Minderheitsaktionäre[53] – im weiteren Verlauf des Kapitels definieren. Zudem begrüßt die OECD die Einführung geeigneter Kommunikationskanäle zur Verbesserung der Kommunikation und Entscheidungsfindung der Aktionäre.[54] Der Anspruch auf den anteiligen Unternehmensgewinn der Aktionäre in Form einer Dividendenausschüttung ist nach Ansicht der OECD ebenso ein grundlegendes Aktionärsrecht.[55] Zum Schutz der Minderheitsaktionäre spricht sich die OECD dafür aus, dass diesen effektive Rechtsmittel zustehen sollen, um sich vor missbräuchlichen Handlungen schützen zu können.[56]

Überdies bezieht die OECD Stellung zur Regelung der Aktionärsversammlung.[57] Demnach legt die OECD großen Wert darauf, dass Aktionäre über die HV-Verfahrensregeln informiert werden und es den Aktionären in physischer bzw.

---

[51] An dieser Stelle ist wichtig in Erinnerung zu rufen, dass das chinesische Two-Tier CG-Modell über einen Vorstand nach dem One-Tier CG-Modell und über einen AR nach dem Two-Tier CG-Modell verfügt. Daher beziehen sich Aussagen der OECD CG-Grundsätze hinsichtlich des *Boards* sowohl auf die unabhängigen Vorstandsmitglieder des chinesischen Vorstands als auch auf den AR. Dahingegen betreffen Aussagen bezüglich *Mitglieder der Geschäftsführung* ausschließlich die chinesischen Inside-Directors des Vorstands.

[52] Dazu gehören: Die rechtzeitige und regelmäßige Informationsoffenlegung von relevanten und wesentlichen Daten über das Unternehmen, das Teilnahme- und Stimmrecht auf der HV, die Wahl und Absetzung von Vorstandsmitgliedern und AR-Mitgliedern (II. A. 3-5 OECD CG-Grundsätze).

[53] II. G. OECD CG-Grundsätze; § 8 CCGK.

[54] II. C. 2 OECD CG-Grundsätze; § 9 CCGK.

[55] II. A. 6 OECD CG-Grundsätze; § 10 CCGK.

[56] II. G. OECD CG-Grundsätze; § 11 CCGK.

[57] II. C. OECD CG-Grundsätze.

digitaler Form oder durch Bevollmächtigung eines anderen Aktionärs ermöglicht wird, ihr Stimmrecht wahrzunehmen sowie Auskünfte vom Vorstand und AR über bestimmte HV-Tagesordnungspunkte zu erlangen[58]. Weiter definiert die OECD das Aktionärsrecht zur Teilnahme an der HV als Grundrecht, das keiner erforderlichen Aktienbeteiligungsquote oder der Entrichtung einer Gebühr für die Stimmrechtsausübung unterliegen sollte. Zusätzlich empfiehlt die OECD die rechtzeitige Informationsversorgung des Aktionärs vor Beginn der HV.[59] Zum Schutz von Minderheitsaktionären empfiehlt die OECD bei der Wahl der Vorstandsmitglieder und AR-Mitglieder von dem kumulativen Stimmabgabesystem Gebrauch zu machen.[60]

Insgesamt zeigt sich, dass Kapitel zwei des CCGK eine große Übereinstimmung mit Kapitel zwei der G20/OECD CG-Grundsätze aufweist.

Kapitel 3: Vorstandsmitglieder und das Vorstandsorgan

Die Einführung eines formalisierten und transparenten Verfahrens zur Nominierung und Wahl der Vorstandsmitglieder wird – wie im CCGK – in den OECD CG-Grundsätzen befürwortet.[61] Hinzukommend sind nach Ansicht der OECD, Informationen über die zur Wahl stehenden Kandidaten offenzulegen, um ihnen die Teilnahme an der Wahl zu erleichtern.[62] Zudem ähneln sich beide Werke im Rahmen der Definition der Pflichten und Verantwortlichkeiten der Vorstandsmitglieder.[63] So wird ausgeführt, dass der Vorstand ausreichend Zeit und Aufmerksamkeit in der Ausführung der an ihn gestellten Aufgaben einzuplanen hat.[64] Bei Auftreten gesetzeswidriger Vorstandshandlungen stehen den Aktionären und der Gesellschaft gemäß den OECD CG-Grundsätzen sowie dem CCGK Rechtsmittel zu, um juristische Schritte gegen den Vorstand einzuleiten.[65]

Zusätzlich haben beide Werke gemeinsam, dass bei der Zusammensetzung des Vorstands auf die Diversität zu achten ist, und dass die Vorstandsmitglieder

---

[58] II. C. 2,3 und 5 OECD CG-Grundsätze; § 15 CCGK.
[59] II. C. 1 OECD CG-Grundsätze, § 16 CCGK.
[60] II. G. OECD CG-Grundsätze, § 17 CCGK.
[61] II. C. 4 i.V.m. VI. D. 5 OECD CG-Grundsätze; § 18 CCGK.
[62] II. C. 4 i.V.m. V. A. 5 OECD CG-Grundsätze; § 19 CCGK.
[63] VI. A. OECD CG-Grundsätze; § 21 CCGK.
[64] VI. E. 3 OECD CG-Grundsätze; § 22 CCGK.
[65] II. OECD CG-Grundsätze; § 23 CCGK.

über ausreichend Berufserfahrung und Kompetenzen verfügen.[66] Außerdem werden die unabhängigen Vorstandsmitglieder als weiteres Instrumentarium zum Schutz des Börsenunternehmens von den OECD CG-Grundsätze und dem CCGK als wichtig anerkannt.[67] Beide Werke bekräftigen, dass das unabhängige Vorstandsmitglied spezifischen Anforderungen – einem notwendigen Kompetenzen-Profil und Unabhängigkeit vom Unternehmen sowie Aktionären – gerecht werden muss, um die Pflichten, die sich aus der Tätigkeit ergeben, zu erfüllen.[68] Auch stimmen die CG-Grundsätze der OECD und der CCGK darin überein, dass erstens die Einrichtung von Fachausschüssen, und hier insbesondere eines Prüfungs-, Nominierungs-, Vergütungs- und Leistungsbewertungsausschusses, die Wirksamkeit des Vorstands verbessert, und dass zweitens die Mehrheit der Mitglieder in den Fachausschüssen von unabhängigen Vorstandsmitgliedern zu bilden ist.[69] In Bezug auf die Definition der Hauptaufgaben des Prüfungs-, Nominierungs-, Vergütungs- und Leistungsbewertungsausschusses ist festzustellen, dass der CCGK an die OECD CG-Grundsätze angelehnt ist.[70]

Kapitel drei des CCGK weist Ähnlichkeiten mit Kapitel sechs der OECD CG-Grundsätze auf. Gleichzeitig lassen sich Abweichungen aufgrund Spezifika in der chinesischen CG identifizieren.

Kapitel 4: Aufsichtsratsmitglieder und das Aufsichtsratsorgan

Der AR als Gegengewicht des Vorstands nimmt in beiden Werken eine wichtige Rolle innerhalb der CG des Börsenunternehmens ein. Neben der Einführung eines Verfahrens zur Nominierung und Wahl der AR-Mitglieder ist der CCGK ebenfalls konform mit den OECD CG-Grundsätze bezüglich der Berufung von Arbeitnehmervertretern in den AR.[71] Bei den zu erfüllenden Anforderungen – Unabhängigkeit, ausreichende Berufserfahrung und Sachkompetenz – an die Zusammensetzung des AR ist ebenso inhaltliche Kongruenz zu konstatieren.[72] Was das Aufgabenspektrum betrifft, so gewährleistet der AR die Integrität der Rechnungslegung und der Jahresabschlussprüfung, die Beaufsichtigung des Vorstands und den Ak-

---

[66] VI. D. 5 i.V.m. VI. E. 4; § 25 CCGK.

[67] VI. E. OECD CG-Grundsätze; §§ 34-37 CCGK.

[68] VI. E. 1 OECD CG-Grundsätze; §§ 35-37 CCGK.

[69] VI. E. 2 i.V.m. VI. D. 4; § 38 CCGK.

[70] V. C. i.V.m. VI. D. 4 und 5; §§ 39,40, 42 CCGK.

[71] VI. D. 5 i.V.m. VI. G OECD CG-Grundsätze; § 44 CCGK.

[72] VI. A. i.V.m. VI. E. 1 und 3 OECD CG-Grundsätze; §§ 44-45 CCGK.

tionärsschutz.[73] Im Hinblick auf die dafür notwendige Informationseinholung seitens des AR und der Empfehlung, dass jegliche Behinderung des AR bei Ausübung seiner Aufgaben und Pflichten zu unterbinden ist, besteht inhaltliche Einigkeit zwischen beiden Werken.[74]

Die Untersuchung führt zu dem Ergebnis, dass der CCGK in puncto AR an Kapitel sechs der OECD CG-Grundsätze weitestgehend angelehnt ist.

Kapitel 5: Leitende Angestellte, Anreiz- und Disziplinarsysteme
In Bezug auf die Leistungsbewertung und die damit verbundene Vergütung des AR und Vorstands kommen in den OECD CG-Grundsätzen und dem CCGK folgende inhaltliche Übereinstimmungen zum Tragen: Das Börsenunternehmen hat faire und transparente Bewertungsmaßstäbe und -verfahren festzulegen.[75] Einigkeit besteht auch darüber, dass die Leistungsbewertung der zur Geschäftsführung befugten Vorstandsmitglieder von den unabhängigen Vorstandsmitgliedern oder von dem Leistungs- und Bewertungsausschuss vorgenommen wird. Was die Leistungsbeurteilung der unabhängigen Vorstandsmitglieder und des AR anbelangt, so kann diese durch Selbstevaluierung erfolgen.[76] Um weiterhin die Aktionärsrechte zu wahren, ist die HV über die Ergebnisse der Leistungsbeurteilung sowie über die daraus resultierende Vergütung zu informieren.[77] Mit Blick auf den Vergütungsmechanismus ist eine Anpassung auf die langfristige Unternehmensleistung und die durch Vorstandsmitgliedern und AR-Mitgliedern erbrachte Einzelleistung vorzunehmen. Bestandteil des Anreizmechanismus ist neben einer Festvergütung auch die Anreizschaffung über Aktienoptionen.[78] Zudem steht den Aktionären ein Mitspracherecht *Say on Pay* über die Vergütung des Vorstands und des AR zu. Demnach legt die HV die Vergütung des Vorstands und AR fest.[79]

Die Vergleichsanalyse zeigt auf, dass Kapitel fünf des CCGK in wesentlichen Teilen dem Inhalt der Kapitel fünf und sechs der OECD CG-Grundsätze entspricht.

---

[73] VI. A. i.V.m. VI. D. 6 und 6 OECD CG-Grundsätze; § 47 CCGK.
[74] VI. F. OECD CG-Grundsätze; § 46 CCGK.
[75] VI. D. 4 OECD CG-Grundsätze; § 55 CCGK.
[76] VI. D. 2 und 4 OECD CG-Grundsätze; § 56 CCGK.
[77] V. A. 4 OECD CG-Grundsätze; § 57 CCGK.
[78] VI. D. 4 OECD CG-Grundsätze; § 58 CCGK.
[79] II. C. 4 i.V.m. V. A. 4 OECD CG-Grundsätze; §§ 60 und 62 CCGK.

Kapitel 6: Mehrheitsaktionäre, nahestehende Parteien und [SEP] Börsenunternehmen

Der CCGK adressiert in Kapitel sechs Mehrheitsaktionäre durch die Formulierung eines Verhaltenskodex. Die Inhalte weisen folgende Parallelen mit den OECD CG-Grundsätze auf: Beide Werke bekräftigen zunächst die Treuepflicht des Mehrheitsaktionärs gegenüber dem Börsenunternehmen sowie die Unterlassung missbräuchlicher Handlungen, die sich zulasten der Interessen des Börsenunternehmens und anderer Minderheitsaktionäre auswirken.[80] Hierzu ist beiden Werken zu entnehmen, dass die Modalitäten und Verfahren der HV die Gleichbehandlung aller Aktionäre – insbesondere bei grundlegenden CG-Entscheidungen – gewährleisten soll, und dass die Identifizierung von Vorstand- und AR-Kandidaten dem Nominierungsausschuss obliegt. Allerdings wird Aktionären ein Vorschlagsrecht bezüglich potentieller Vorstand- und AR-Kandidaten eingeräumt.[81] Des Weiteren wird in beiden Werken die zwingende Unabhängigkeit des Börsenunternehmens von den Mehrheitsaktionären in personeller, finanzieller, institutioneller und geschäftlicher Hinsicht sowie die Sicherung der Integrität der Rechnungslegungssysteme betont.[82] Überdies sind dem CCGK und den OECD CG-Grundsätzen zufolge Maßnahmen zu implementieren, die den Mehrheitsaktionär daran hindern, durch Instrumentalisierung von Transaktionen des Börsenunternehmens mit nahestehenden Parteien dem Unternehmen Schaden zuzufügen.[83]

Die dargestellten Parallelen spiegeln, dass Kapitel sechs des CCGK den Inhalt der Kapitel zwei und sechs der OECD CG-Grundsätze größtenteils verkörpert.

Kapitel 7: Institutionelle Anleger und andere kapitalverwaltende Institutionen

Institutionelle Anleger spielen eine wesentliche Rolle in der CG des Börsenunternehmens. Um dieser Tatsache Rechnung zu tragen, werden institutionelle Anleger in Kapitel sieben des CCGK und in Kapitel drei der OECD CG-Grundsätze behandelt.[84] Die Vergleichsanalyse führt zu dem Ergebnis, dass beide Werke institutionelle Anleger auffordern, aktiv das Aktionärsrecht wahrzunehmen und die da-

---

[80] II. G. OECD CG-Grundsätze; § 63 CCGK.
[81] II. B/C. 2 i.V.m. VI. D. 5 OECD CG-Grundsätze; §§ 64-65 CCGK.
[82] VI. D. 7 i.V.m. VI D. E OECD CG-Grundsätze; §§ 68-73 CCGK.
[83] VI. D. 6 OECD CG-Grundsätze; §§ 76-77 CCGK.
[84] III. OECD CG-Grundsätze; §§ 78-82 CCGK.

runter subsumierte CG- und Abstimmungspolitik zur Nachvollziehung offenzulegen.[85]

Die aufgezeigte Gemeinsamkeit verdeutlicht, dass sich der CCGK in Bezug auf institutionelle Anleger lediglich grob an Kapitel drei der OECD CG-Grundsätze orientiert.

Kapitel 8: Stakeholder, Umweltschutz und soziale Verantwortung
Stakeholder werden sowohl im CCGK als auch in den OECD CG-Grundsätze thematisiert.[86] Dabei weisen die Inhalte des achten Kapitels des CCGK größtenteils Überstimmungen mit Kapitel vier der OECD CG-Grundsätze auf. Einleitend bekräftigen beide Werke, dass die Rechte und Interessen der Stakeholder vom Börsenunternehmen gewahrt werden sollen. Auch ist eine funktionierende Kommunikation mit den Unternehmensbeteiligten aufrechtzuerhalten.[87] Im Hinblick auf die Arbeitnehmer führen beide Werke aus, dass diese als integraler Bestandteil der CG in wichtige Entscheidungen des Börsenunternehmens eingebunden werden sollen.[88] Die Einhaltung von Umwelt- und Sozialstandards des Börsenunternehmens findet ebenfalls in beide Werke Eingang.[89]

Kapitel 9: Offenlegung und Transparenz von Informationen
Die Offenlegung von Informationen und die Sicherstellung von Transparenz sind für die CG von grundlegender Bedeutung (OECD, 2015). Entsprechend finden sich Offenlegungsthemen in Kapitel neun des CCGK und in Kapitel fünf der OECD CG-Grundsätze wieder. Mit Blick auf die §§ 88, 90, 91, 94 und 95 des CCGK ist festzuhalten, dass die darin behandelten Inhalte größtenteils an die OECD CG-Grundsätze angelehnt sind.

Demnach ist beiden Werken zu entnehmen, dass die Errichtung eines Managementsystems und eines IKRS zur zeitnahen und präzisen Offenlegung wesentlicher Informationen den Anforderungen der Offenlegungspflichten des Börsenunternehmens gerecht werden. Hiermit verbunden wird klargestellt, dass Auslassungen, falsche Aufzeichnungen, irreführende Aussagen oder andere Falsch-

---

[85] III. A. OECD CG-Grundsätze; §§ 78-80 CCGK.

[86] IV. OECD CG-Grundsätze; §§ 83-87 CCGK.

[87] IV. A/B. OECD CG-Grundsätze; §§ 83-84 CCGK.

[88] IV. C. OECD CG-Grundsätze; § 85 CCGK.

[89] VI. OECD CG-Grundsätze; § 86 CCGK.

darstellungen sich wesentlich auf Informationsadressaten auswirken. Ergänzend empfehlen beide Werke, Informationen über das angewandte IKRS des Börsenunternehmens offenzulegen.[90] Einigkeit besteht in beiden Werken auch darüber, dass das Börsenunternehmen Informationen über die Eigentümerstruktur und Beziehungen des Börsenunternehmens bzw. seiner Anteilseigner zu verbundenen Parteien offenlegen soll.[91] Weiter haben die Werke gemeinsam, dass neben der obligatorischen Informationsoffenlegung zusätzlich empfohlen wird, freiwillige Informationen – z. B. über die Einhaltung von Umweltstandards und die soziale Unternehmerverantwortung – offenzulegen.[92] Daneben sollte Informationsadressaten ein kostengünstiger und einfacher Zugang zu den Informationen ermöglicht werden.[93]

4.3.2 Unterschiede auf Basis der G20/OECD-Grundsätze der CG

Die OECD erkennt an, dass de facto kein global-einheitliches CG-Modell existiert, das von den jeweiligen Staaten implementiert werden könnte (OECD, 2015). Dementsprechend bestehen Abweichungen zwischen dem CCGK und den G20/OEC-Grundsätzen der CG, die im Folgenden analog zum Kapitel 4.3.2 entlang der Inhaltsgliederung des CCGK aufgezeigt werden.

Kapitel 1: Allgemeine Grundsätze

Anders als in den OECD CG-Grundsätzen dargelegt, wird im § 5 des CCGK der Aufbau eines Ausschusses der KPC innerhalb der Unternehmensorganisation empfohlen. Damit hebt der CCGK eine der Einzigartigkeiten des CG-Systems hervor.

Kapitel 2: Aktionäre und Hauptversammlung

Als weitere wesentliche Aktionärsrechte unterstreicht die OECD das Recht zur verlässlichen Registrierung der Kapitalbeteiligung und die Veräußerung bzw. Übertragung von Aktien.[94] Beide Aktionärsrechte werden im CCGK nicht genannt. Daneben betont der CCGK explizit die Ausschüttung von Bardividenden, wohingegen die OECD CG-Grundsätze derartige konkrete Dividendenregelungen

---

[90] V. i.V.m. V. A. 7 OECD CG-Grundsätze; §§ 88 und 94 CCGK.
[91] V. A. 3 OECD CG-Grundsätze; § 90 CCGK.
[92] V. i.V.m. V. A. 2 OECD CG-Grundsätze; §§ 91und 95 CCGK.
[93] V. E. OECD CG-Grundsätze; § 92 CCGK.
[94] II. A. 1 OECD CG-Grundsätze.

nicht vorsehen.[95] Ferner ist das kumulative Stimmabgabesystem nach Vorgabe des CCGK verpflichtend, wenn ein Großaktionär mehr als 30 % der Unternehmensaktien hält. Demgegenüber wird seitens der OECD CG-Grundsätze eine mit dem kumulativen Stimmabgabesystem korrespondierende Aktienbeteiligungsquote nicht beziffert.[96] § 17 des CCGK ist der nächste Beleg für die Einzigartigkeit des CG-Systems, denn börsennotierte AG sind in China von konzentrierten Eigentümerstrukturen geprägt (Lin et al., 2020). Daher ist das kumulative Stimmabsagesystem zum Schutz der Minderheitsaktionäre ein wirksames Instrument.

Kapitel 3: Vorstandsmitglieder und das Vorstandsorgan

Hinsichtlich der Bestellung der Vorstandsmitglieder besteht zwischen den OECD CG-Grundsätzen und dem CCGK ein gravierender Unterschied: Die OECD legt dar, dass die Bestellung der Vorstandsmitglieder dem AR obliegt. Davon abweichend geht die Bestellung der Vorstandsmitglieder gemäß dem CCGK von der HV aus.[97] Demzufolge ist aufgrund konzentrierter Eigentümerstrukturen in chinesischen Börsenunternehmen festzustellen, dass durch § 18 CCGK i.V.m. § 105 GesG das zentralwirtschaftliche Primat in der CG aufrechterhalten wird.

Ethische Belange bzw. die Installierung eines Ethikausschusses werden entgegen dem Wortlaut der OECD CG-Grundsätze im CCGK nicht berücksichtigt.[98] Zudem ermöglicht es der CCGK im Gegensatz zu den OECD CG-Grundsätze einem Vorstandsmitglied bei Verhinderung seiner Teilnahme an einer Vorstandssitzung, einen anderen Vorstandskollegen zu bevollmächtigen, im Namen des Verhinderten abzustimmen.[99]

Im Unterschied zu den OECD CG-Grundsätzen empfiehlt der CCGK die Installierung eines Vorstandssekretärs[100], was kennzeichnend für die Einzigartigkeit des chinesischen CG-Systems ist. Weiterhin mangelt es dem CCGK an dem in den OECD CG-Grundsätzen empfohlenen Kriterienkatalog, der herangezogen

---

[95] II. A. 6 OECD CG-Grundsätze, § 10 CCGK.
[96] II. G. OECD CG-Grundsätze, § 17 CCGK.
[97] VI. D. 3 OECD CG-Grundsätze; § 18 CCGK i.V.m. § 105 GesG).
[98] VI. C. i.V.m. VI. D. 6 OECD CG-Grundsätze.
[99] § 22 CCGK.
[100] § 28 CCGK.

wird, um die Unabhängigkeit der AR-Mitglieder und unabhängigen Vorstandsmitglieder systematisiert zu prüfen.[101]

Kapitel 4: Aufsichtsratsmitglieder und das Aufsichtsratsorgan

Weitere Unterschiede zwischen dem CCGK und den OECD CG-Grundsätzen
betreffen den organisationsprozessualen Umgang des AR mit der Aufdeckung
gesetzeswidriger Handlungen und der der sich daraus ableitenden Berichtspflicht
an die dafür zuständigen Adressaten. Einerseits empfehlen die OECD CG-
Grundsätze eine *Whistleblower-Mentalität* im Unternehmen durch die Implementierung eines Verhaltenskodex zu etablieren und nachhaltig im Unternehmen zu
fördern. Andererseits ist eine Kontaktstelle in Form einer Ombudsperson als Ad-
ressat etwaiger Verdachtshinweise auf Gesetzesverstöße durch den AR oder Prüfungsausschuss einzurichten, um potentielle Straftäter abzuschrecken. Dagegen
empfiehlt der CCGK eine Berichterstattung an den Vorstand, die HV, den CSRC
und die Börsen.[102] Zu kritisieren ist hierbei insbesondere die Berichterstattung an
den Vorstand, da dieser nach Ansicht des Verfassers Strafvereitelungshandlungen
einleiten und damit die Überwachungsfunktion des AR konterkarieren könnte.

Kapitel 5: Leitende Angestellte, Anreiz- und Disziplinarsysteme

Was hingegen keinen Zugang in den CCGK erhält, ist die Einführung von *Malus-
Regelungen* und *Clawback-Klauseln,* die es dem Börsenunternehmen beispielsweise gestatten, bei Gesetzesverstoß eines Vorstandsmitglieds oder eines AR-
Mitglieds dessen Vergütung einzubehalten bzw. zurückzufordern.[103] Ein weiteres
Spezifikum der chinesischen CG bezieht auf die Entlohnung der leitenden Angestellten nach dem Vergütungsverteilungsplan, der vom Vorstand genehmigt
wird.[104]

Kapitel 6: Mehrheitsaktionäre, nahestehende Parteien und Börsenunternehmen

Die nächste Einzigartigkeit des chinesischen CG-Systems kommt durch die An-
teilseigner-Struktur börsennotierter Unternehmen in China zum Vorschein, die
von den Mehrheitsaktionären geprägt ist (Lin et al., 2020; Wong, 2014). Dementsprechend werden Mehrheitsaktionäre, deren Einfluss auf die Unabhängigkeit des

---

[101] VI. E. OECD CG-Grundsätze.
[102] IV. E. i.V.m. VI. D. 6 OECD CG-Grundsätze; § 50 CCGK.
[103] VI. D. 4 OECD CG-Grundsätze.
[104] § 60 CCGK.

Börsenunternehmens sowie Transaktionen des Börsenunternehmens mit verbundenen Parteien im Gegensatz zu den OECD CG-Grundsätzen isoliert in Kapitel sechs des CCGK unter der Vorgabe, die von Mehrheitsaktionären ausgehenden Einflussmöglichkeiten auf die CG zu steuern. Ein Blick auf § 67 des CCGK offenbart beispielsweise den zentralwirtschaftlichen Grundgedanken des chinesischen CG-Systems durch die Konkretisierung von Maßnahmen, die bei einem Kontrollwechsel innerhalb des Börsenunternehmens zu befolgen sind. Die OECD CG-Grundsätze kodifizieren im Gegensatz dazu keine derartige Regelung.

Kapitel 7: Institutionelle Anleger und andere kapitalverwaltende Institutionen
Der nächste Unterschied zwischen den beiden Werken besteht in der inhaltlichen Adressierung der institutionellen Anleger. Die erste Abweichung besteht darin, dass der CCGK in § 79 die aktive CG-Rolle der institutionellen Anleger durch konkretisierende CG-Aktivitäten erläutert. Zusätzlich grenzt sich der CCGK in § 82 von den OECD CG-Grundsätzen durch Betonung der Wichtigkeit der Schutzvereinigung für Minderheitsaktionäre ab. Ferner werden wesentliche CG-Fragestellungen, die Interessenkonflikte, Stimmrechtsberater, den Insiderhandel und Cross-Listings im Kontext der institutionellen Anleger betreffen, im CCGK nicht thematisiert.[105]

Kapitel 8: Stakeholder, Umweltschutz und soziale Verantwortung
Die Vergleichsanalyse beider Werke zeigt, dass sich der CCGK insbesondere durch die konkretisierenden Ausführungen zur sozialen Verantwortung des Börsenunternehmens von den OECD CG-Grundsätzen abhebt.[106] Dagegen mangelt es dem CCGK an inhaltlicher Substanz hinsichtlich der Anführung von Hinweisen in Bezug auf illegale und unethische Verhaltensweisen, die von Stakeholdern wie z. B. den Arbeitsnehmern vorgebracht werden.[107]

Kapitel 9: Offenlegung und Transparenz von Informationen
Die Untersuchung beider Werke hat folgende Unterschiede ergeben: Erstens spezifizieren die OECD CG-Grundsätze den Mindestumfang der Offenlegung von wesentlichen Informationen anhand von neun Kategorien.[108] Im Gegensatz dazu

---

[105] III. C/D/E/F. OECD CG-Grundsätze.
[106] § 87 CCGK.
[107] IV. E. OECD CG-Grundsätze.
[108] V. A. 1-9 OECD CG-Grundsätze.

heißt es in § 88 des CCGK lediglich, dass das Börsenunternehmen Informationen offenlegen muss. Eine weitere systematisierte Spezifizierung wie in den OECD CG-Grundsätzen erfolgt im CCGK nicht. Zweitens bestehen Abweichungen zwischen beiden Werken bezüglich §§ 89 und 93 des CCGK. Die OECD CG-Grundsätze adressieren solche Regelungen nicht. Drittens sind nach den OECD CG-Grundsätzen Geschäfte des Börsenunternehmens mit nahestehenden Parteien offenzulegen.[109] Demgegenüber fehlt es dem CCGK an einer solchen Regelung. Viertens fehlt es dem CCGK an einer Berichtspflicht nach dem *Comply-or-Explain-Ansatz*, der von den OECD CG-Grundsätzen empfohlen wird.[110] Schließlich mangelt es dem CCGK an Themeninhalten, die die qualitative Aufbereitung und Offenlegung von finanziellen und nichtfinanziellen Informationen für die Rechnungslegung und Berichterstattung, die jährliche Durchführung einer Jahresabschlussprüfung durch einen unabhängigen Wirtschaftsprüfer, und die Rechenschaftspflicht externer Abschlussprüfer gegenüber den Aktionären und dem Börsenunternehmen betreffen.[111]

Abschließend ist in der Gesamtschau festzustellen, dass sich die CSRC bei der Überarbeitung des CCGK mehr oder minder stark an die OECD CG-Grundsätze gehalten hat. Etwaige Unterschiede zwischen beiden Werken resultieren vor allem aus Besonderheiten der chinesischen CG-Praktik.

4.3.3 Status Quo der internationalen Forschung

In den beiden vorangegangenen Kapiteln wurde bereits belastbar nachgewiesen, dass sich die CSRC bei der Überarbeitung des CCGK an den G20/OECD-Grundsätzen der CG orientiert hat und damit CG-Praktiken mit anerkanntem Best-Practice Status umgesetzt hat. In diesem Zusammenhang stellten jedoch Chen, Li und Shapiro (2011) in ihrer empirischen Studie[112] den internationalen Benchmark-

---

[109] V. A. 6 OECD CG-Grundsätze.

[110] V. A. 9 OECD CG-Grundsätze.

[111] V. B/C/D. OECD CG-Grundsätze.

[112] Der Autor dieser Abschlussarbeit weist darauf hin, dass sich Chen, Li und Shapiro (2011) auf den CCGK des Jahres 2002 und die OECD Grundsätze der CG des Jahres 2004 beziehen und daher die Aktualität der Studie hinterfragt werden kann. Im Vorwort der G20/OECD-Grundsätze der CG wird angeführt, dass im Rahmen der zweiten Überarbeitung sowohl allgemeine Erkenntnisse zur Wahrung der Aktionärsrechte als auch Erkenntnisse aus der asiatischen CG-Praktik eingeflossen sind (OECD, 2015). Dies ist nicht zuletzt an den Ausführungen hinsichtlich des kontrollierenden Aktionärs zu erkennen. Nach Auffassung der ACGA (2018a) und Li (2019) ist der größte Teil des aktuellen CCGK an die Vorgängerversion angelehnt. Hierauf stützt sich der Autor

Charakter der G20/OECD-Grundsätze der CG in Bezug auf die asiatischen Schwellenländer wie z. B. China kritisch in Frage. So argumentieren die Autoren, dass die G20/OECD-Grundsätze der CG primär darauf ausgelegt sind, den klassischen Konflikt zwischen dem Aktionär und dem Management zu lösen, und dass sie weniger geeignet sind, die Kernproblematik der chinesischen CG, die sich im Wesentlichen im Konflikt zwischen dem Mehrheitsaktionär und den Minderheitsaktionären manifestiert, abzumildern. Außerdem weisen sie darauf hin, dass keine der von den OECD empfohlenen CG-Grundsätzen die negativen Auswirkungen des Machtmissbrauchs des Mehrheitsaktionärs wirksam reduzieren. Daher schlussfolgern sie, dass die Übernahme der OECD-Grundsätze der CG nicht zwangsläufig zu einer besseren CG in China führt. Daher müssen von den Regulierungsbehörden neue Praktiken entwickelt werden, um den spezifischen nationalen CG-Anforderungen[113] gerecht zu werden (Chen, Li & Shapiro, 2011).

Darüber hinaus wird mit Blick auf die 16-jährige Überarbeitungspause des CCGK in der Fachliteratur kritisch angemerkt, dass der CCGK in Zukunft häufiger aktualisiert werden sollte, um mit aktuellen CG-Trends Schritt zu halten (Lin, 2019). Zum Vergleich kann beispielsweise der Deutsche Corporate Governance Kodex (DCGK) herangezogen werden, der ebenfalls im Jahr 2002 offiziell von der Regierungskommission Deutscher Corporate Governance Kodex (RDCGK) veröffentlicht wurde. Hier ist besonders hervorzuheben, dass der DCCK im Zeitraum von 2002 bis 2020 insgesamt 13-mal überarbeitet wurde (RDCGK, 2020), wohingegen der CCGK im selben Zeitraum lediglich 2-mal überarbeitet wurde.

Zudem ist der Literatur zu entnehmen, dass der CCGK in seinen Ausführungen unpräzise ist und demgemäß seine Anwendung erschwert wird. Deswegen sollte eine Überarbeitung der Regelungen erfolgen und dabei darauf geachtet werden, dass diese präzise und verständlich sind, sodass sich in der Folge seine Anwendung erleichtert (ACGA, 2018a; Jiang & Kim, 2015; Keay & Zhao, 2018).[114]

---

dieser Arbeit und stuft demzufolge die Ergebnisse von Chen, Li und Shapiro (2011) als weiterhin aktuell ein.

[113] Hierzu kann beispielsweise durch § 17 des CCGK aufgezeigt werden, dass die chinesischen Regulierungsbehörden entsprechend reagiert haben.

[114] Die genannten Quellen beziehen sich auf die Vorgängerversion des CCGK. Nach Ansicht des Verfassers ist der dargestellte Standpunkt auch für die aktuelle Version des CCGK gültig. Als Beispiel kann § 25 des CCGK genannt werden. Dort heißt es, dass die Vorstandsmitglieder zur Erfüllung ihrer Aufgaben über erforderliche Kenntnisse, Kompetenzen und Eigenschaften verfü-

Weiter wird die Neuaufnahme des § 5, d. h. die Installierung eines Partei-ausschusses, in die aktuelle Version des CCGK kontrovers diskutiert: Einerseits befürchten marktlibertäre CG-Akteure[115], dass die Installierung eines Parteiaus-schusses die integrierten CG-Mechanismen im Börsenunternehmen konterkariert und argumentieren, dass zum gegenwärtigen Zeitpunkt keine Verpflichtung be-steht, Informationen über die Aktivitäten des Parteiausschusses oder die Perso-nenmitgliedschaften der Öffentlichkeit offenzulegen. Andererseits wird von Insi-dern der chinesischen CG entgegnet, dass die KPC bereits seit Einführung des GesG im Jahr 1993 eine zentrale Rolle in der CG des Börsenunternehmens ein-nimmt, und dass es durch die Einfügung des neuen § 5 zu keinen grundlegenden Veränderungen der CG des Börsenunternehmens kommt. Vielmehr sei der neue § 5 im CCGK ein Ausdruck der jüngsten politischen Veränderungen (ACGA, 2018b).

Hinzukommende Kritik stellt den § 6 des CCGK in den Mittelpunkt der Be-trachtung. Das Hauptargument hierbei ist, dass der CCGK kein in sich geschlos-senes Dokument ist, sondern auf andere CG-Richtlinien der beiden Börsen und zusätzlicher Regulierungsbehörden verweist (ACGA, 2018a, 2018b).

Zusätzlich gehen aus der von Lin (2019) durchgeführten qualitativen Ver-gleichsstudie zwischen dem Singapore Corporate Governance Codex (SCGC) und dem CCGK folgende aus Sicht des Verfassers wesentliche Kritikpunkte hervor: Erstens sieht der CCGK im Vergleich zum SCGC keinen Vorsitzenden der unab-hängigen Vorstandsmitglieder vor, der bei der Aufdeckung strafrechtlicher Hand-lung die Leitung übernimmt und entsprechende Fälle nach innen kommuniziert. Zweitens wird die Einrichtung eines Risikoausschusses im CCGK nicht adressiert. Dieser ist nach Ausführungen des SCGC jedoch elementar, da der Vorstand die Art und das Ausmaß der bedeutendsten Risiken bestimmen muss, die das Börsen-unternehmen bereit ist zu tragen, um seine strategischen Ziele zu erreichen. Drit-

---

gen sollen. Gleichwohl werden die Kenntnisse, Kompetenzen und Eigenschaften nicht weiter definiert. Weiter heißt es in § 25 des CCGK, dass die Diversität im Vorstand gefördert werden soll. Auch hier fehlt jegliche Präzisierung und Anleitungshilfe.

[115] In diesem Kontext fordern ausländische institutionelle Anleger eine verstärkte Informationsof-fenlegung, um den Zweck und die Funktionsweise des Parteiausschusses im Börsenunternehmen nachvollziehen zu können. Daher überrascht es nicht, dass in einer von der ACGA durchgeführten Befragung 61 % der ausländischen institutionellen Anleger in China angaben, dass ihnen die Rolle des Parteiausschusses in den Börsenunternehmen nicht klar ist. (ACGA, 2018b).

tens mangelt es dem CCGK an der Beschreibung differenzierender Faktoren, die zur Förderung der Diversität im Vorstand und AR beitragen. Viertens ist im CCGK keine an die Diversität gebundene Informationsoffenlegung implementiert. Etwa zeitgleich publizierte Deloitte (2019) eine Studie, die die Geschlechter-Diversität in Vorständen und AR untersucht hat. Mit Blick auf China führt Deloitte (2019) aus, dass zum jetzigen Zeitpunkt keine Frauenquote oder harte gesetzliche Bestimmungen existieren, die den Frauenanteil[116] in chinesischen Vorständen und AR fördern.

---

[116] Für das Jahr 2018 liefert Deloitte (2019) folgende Daten: In 176 betrachteten Börsenunternehmen in China betrug der Frauenanteil insgesamt 10,6 %. Heruntergebrochen auf den CEO- respektive Chief-Financial-Officer-Postens ergab sich eine Quote von 5,8 % bzw. 24,3 %. In diesem Kontext ist ebenfalls die von Farag und Mallin (2016) durchgeführte empirische Studie miteinzubeziehen, die die Diversität in 892 chinesischen Börsenunternehmen analysiert hat. Die Forscher ziehen aus der empirischen Untersuchung das Fazit, dass Unternehmen mit einer besseren Ertrags-, Finanz- und Vermögenslage eher bereit sind, Frauen in den Vorstand zu berufen. Daneben ergab sich eine positive und signifikante Korrelation zwischen der Größe des AR und der Geschlechter-Diversität sowie eine negative und signifikante Korrelation zwischen den SOE und dem Frauenanteil im Vorstand und AR. Weiterhin stellten die Forscher fest, dass je höher der Aktienanteil des Tops-Managements oder des Senior-Managements ist, desto höher der Frauenanteil im Vorstand ist. Zudem zeigte die empirische Studie auf, dass die Berufung jüngerer Vorstandsmitglieder mit postgradualen Qualifikationen den Frauenanteil im Vorstand und AR verbessert.

4.3.4 Auswirkungen auf die Sonderform des Two-Tier Systems

Ein erster Einblick in die Organisationsverfassung börsennotierter AG in China unter Berücksichtigung des GesG und der SA wurde bereits visualisierend durch Abbildung 5 in Kapitel 3.3 ermöglicht. Ergänzend dazu werden in Abbildung 8 substanzielle Regelungen des CCGK hinzugefügt, um die daraus resultierenden Auswirkungen zunächst grafisch nachvollziehbar zu machen.

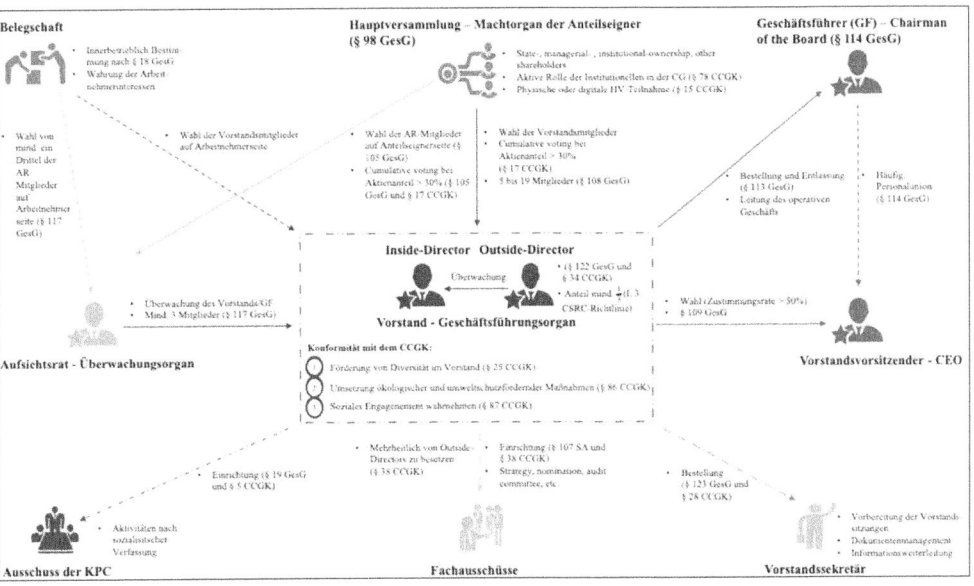

Abbildung 8: Chinesische Sonderform des Two-Tier Systems nach dem GesG 2018 in Verbindung mit der SA 2019 und der Richtlinie zur Einführung unabhängiger Vorstandsmitglieder 2001 sowie dem CCGK 2018 (Eigene Darstellung)

Mit Blick auf Abbildung 8 wird deutlich, dass das chinesische CG Modell in Form des hybriden Two-Tier Systems ein in sich komplexes und in regulatorischer Hinsicht verflochtenes Konstrukt ist. Hiermit verbunden führte die ACGA (2018b) im Jahr 2017 eine Umfrage unter ausländischen institutionellen Anlegern durch, in der lediglich 10 % angaben, die Aufbauorganisation und die interorganischen Wechselbeziehungen des chinesischen Two-Tier Systems zu verstehen. Dagegen gaben 31 % an, das chinesische Two-Tier Systems nur teilweise zu verstehen, während 59 % einräumten, das Two-Tier System überhaupt nicht zu verstehen. Angesichts dieses Umfrageergebnisses werden nachfolgend kritische Wirkungszusammenhänge zwischen den einzelnen Organen im chinesischen Two-Tier System eingehender beleuchtet, um die Ursachen für das mangelnde Verständnis aufzudecken.

01) Betrachtung der unabhängigen Vorstandsmitglieder

An dieser Stelle ist wichtig zu rekapitulieren, dass die Bestellung und Entlassung der unabhängigen Vorstandsmitglieder von der HV ausgeht. Die vorgeschaltete Akquirierung dieser Vorstandsgruppe stellt hierbei eine Schwachstelle dar, da diese oftmals auf Empfehlung des CEO oder durch unmittelbare Zuteilung des staatlichen Mehrheitsaktionärs – im Falle einer SOE – erfolgt. Demzufolge liegt dem Auswahlprozess zur Identifikation geeigneter unabhängiger Vorstandskandidaten kein marktorientierter Mechanismus zugrunde (ACGA, 2018b; Ye & Li, 2017). Als Konsequenz ergeben sich Zweifel an der tatsächlichen Unabhängigkeit der unabhängigen Vorstandsmitglieder, die gleichzeitig mit der Gefahr einer Instrumentalisierung[117] dieser Vorstandsgruppe einhergeht (Kang, 2017; Shan & Round, 2012).

Parallel dazu kennzeichnen mangelnde Geschäfts- und Branchenkenntnisse der unabhängigen Vorstandsmitglieder eine weitere Schwachstelle des Überwachungsmechanismus. Diese Feststellung macht deutlich, dass ein geschäftsmodellbezogener Austausch zwischen Inside-Directors und unabhängigen Vorstandsmitgliedern nur eingeschränkt möglich ist. Daneben werden häufig der wissenschaftliche Hintergrund und damit zusammenhängende fehlende Praxiserfahrung vieler unabhängiger Vorstandsmitglieder sowie die nebenberufliche Ausübung des Mandats als weitere Ursachen für die mangelnde Expertise herangeführt. Letztlich trägt eine mangelnde Expertise der unabhängigen Vorstandsmitglieder zusätzlich zur bereits in Kapitel 3.3.2 beschriebenen Informationsasymmetrie bei (ACGA, 2018b; Kang, 2017).

Weiterhin wurde im Rahmen dieser Abschlussarbeit bereits ausführlich aufgezeigt, dass Politik und börsennotierte SOE in China miteinander verflochten sind. Die daraus resultierenden Effekte haben Einfluss auf die Wirkung und die

---

[117] Hierzu skizziert Kang (2017) folgendes Praxisszenario: Der Mehrheitsaktionär schlägt die Ausführung von Transaktionen vor, die einem Interessenkonflikt unterliegen. An dieser Stelle kommen die von dem Mehrheitsaktionär vorgeschlagenen Outside-Directors zum Einsatz und genehmigen derartige Transaktionen. Dieser Vorgang bewahrt den Mehrheitsaktionär vor potentieller Kritik und rechtlicher Haftung.

Funktion der unabhängigen Vorstandsmitglieder. Daher ist in börsennotierten SOE zu beobachten, dass aktuelle bzw. ehemalige Politiker als unabhängige Vorstandsmitglieder in den Vorstand berufen werden (Chen, Li & Shapiro, 2011). Hierzu lassen sich aus der Literatur differenzierte Standpunkte entnehmen: Einerseits wird argumentiert, dass politisch verbundene unabhängige Vorstandsmitglieder dem Börsenunternehmen die Umgehung von Regulierungen und den Zugang zu staatlichen Ressourcen wie Subventionen, und Bankkrediten ermöglichen (Jiang & Kim, 2015, 2020; Wei & Muratova, 2020). Andererseits wird durch politisch verbundene unabhängige Vorstandsmitglieder impliziert, dass die börsennotierten SOE in China zugunsten der Erwartungen der KPC operieren. Damit geht einher, dass politisch verbundene unabhängige Vorstandsmitglieder weniger wirksam bei der Überwachung des Mehrheitsaktionärs sind, sodass sich dieser zulasten der Minderheitsaktionäre bereichert (Jiang & Kim, 2020; Liu et al., 2015; Wang, 2015). Dementgegen stellen Wei und Muratova (2020) fest, dass, wenn staatliche Ressourcen an das Börsenunternehmen geflossen sind, politisch verbundene unabhängige Vorstandsmitglieder durchaus die Mehrheitsaktionäre überwachen, damit die Regierungsziele, die an die Bewilligung der Staatsressourcen gekoppelt sind, auch vom Börsenunternehmen erfüllt werden. Auf dieser divergenten Betrachtung aufbauend, ist zusätzlich auf die empirische Studie von Ye und Li (2017) zu verweisen, in der der Einfluss des Todes eines politisch verbundenen unabhängigen Vorstandsmitglieds auf den Aktienkurs des Börsenunternehmens statistisch gemessen wurde. Das Kernergebnis der Studie ist, dass der Aktienkurs insgesamt negativer auf den Tod politisch verbundener unabhängiger Vorstandsmitglieds reagiert hat, als auf Tod eines unabhängigen Vorstandsmitgliedes ohne politische Bindung.

Zudem offenbart die Unternehmenspraxis in China, dass der Neun-Personen-Vorstand ein häufig zu beobachtendes Phänomen ist (ACGA, 2018b). Hierzu haben Jiang und Kim (2015) empirisch nachgewiesen, dass Mehrheitsaktionäre die Vorstandsgröße entscheidend determinieren, um den von unabhängigen Vorstandsmitgliedern ausgehenden Überwachungsmechanismus zu minimieren. Deswegen setzen Mehrheitsaktionäre nach Jiang und Kim (2015) durch, dass die ein Drittel Mindestanforderung[118] von einem Drittel unabhängigen Vorstandsmitglieder in den Vorständen umgesetzt wird. Diesbezüglich ist mit Bezugnahme auf die ACGA (2018b) seitens der CSRC eine Änderung der Ein-Drittel-Regel in eine 50-Prozent-Regel in Betracht zu ziehen. Aus Sicht institutioneller Anleger sowie anderer Stakeholder ist eine Erhöhung der im Vorstand ansässigen Quote an unabhängigen Vorstandsmitgliedern zu begrüßen. Als Nebeneffekt führt ein solches Vorgehen zu einem Vertrauensgewinn am internationalen Kapitalmarkt.

Ein anderer Aspekt, der das hierarchische Verhältnis zwischen den Inside-Directors und den unabhängigen Vorstandsmitgliedern in China spiegelt, lässt sich in der Auflistung dieser Vorstandsgruppe in den Jahresabschlussberichten erkennen. Denn im Gegensatz zu den Börsenunternehmen in den USA, die ihre Vorstände hauptsächlich alphabetisch auflisten, zählen die chinesischen Börsenunternehmen die unabhängigen Vorstandsmitglieder meist zuletzt in den Abschlussberichten auf. Nach Zhu et al. (2016) ist dies ein klares Indiz für die Machtverteilung innerhalb des Vorstandsorgans. Diese Praxis hat ihren Ursprung in der chinesischen Kultur, in der allgemein akzeptiert wird, dass die Macht in einer Organisation ungleich verteilt ist (Zhu et al., 2016). An dieser Stelle können die Studienergebnisse von Zhu et al. (2016) und von Ye und Li (2017) miteinander in Beziehung gesetzt werden: Danach kann geschlussfolgert werden, dass der Rang eines politisch verbundenen unabhängigen Vorstandsmitglieds in einer positiven Beziehung zu dem Ausmaß der Reaktion des Aktienkurses bei Tod des jeweiligen unabhängigen Vorstandsmitglieds steht.

02) Betrachtung des AR

Im Allgemeinen kann nach Ansicht der ACGA (2018b) dem AR attestiert werden, dass dieser das schwächste CG-Organ und damit eine wesentliche Schwachstelle des chinesischen Two-Tier CG-Systems ist. Die ACGA (2018b) stützt ihre Aussage auf eine von ihr initiierte Umfrage unter ausländischen institutionellen Anlegern und börsennotierten Unternehmen in China, die aufzeigt, dass 67 % der ausländischen institutionellen Anleger und 60 % der börsennotierten Unternehmen in China eine Mehrwertschaffung des AR verneinen.

---

[118] I. 3 CSRC-Richtlinie zur Einführung unabhängiger Vorstandsmitglieder. Dies bedeutet konkret, dass in einem Neun-Personen-Vorstand insgesamt drei Vorstandsmitglieder im unabhängig sein müssen.

Als Ursache für die Kritik am AR kann beispielsweise nach Auffassung von Chen, Li und Shapiro (2011) angeführt werden, dass die Wirksamkeit des AR bei der Eindämmung des Machtmissbrauchs des Mehrheitsaktionärs begrenzt ist, und dass die Überwachungsfunktion des AR durch mangelnde Befugnisse und eine mangelnde Autorität im CG-Konstrukt des chinesischen Two-Tier Systems konterkariert wird. Zusätzlich mangelt es vielen AR an dem erforderlichen tiefergehenden buchhalterischen, juristischen oder fachlichen Sachverstand, um die Komplexität des Geschäftsmodells auf der einen Seite sowie dazugehörige operationelle oder strategische Vorstandsaktivitäten auf der anderen Seite nachvollziehen und überwachen zu können. Überdies üben viele AR-Mitglieder ihr Mandat nebenberuflich aus. Die daraus entstehenden Opportunitätskosten werden auf die AR-Tätigkeit umgewälzt und führen zu einem Qualitätsverlust in der Überwachungsfunktion (ACGA, 2018b)

Gleichzeitig wirkt sich die unzureichende Definition der zwischen dem AR und den unabhängigen Vorstandsmitgliedern bestehenden funktionalen und hierarchischen Beziehung effizienz- und effektivitätsmindernd auf den internen Überwachungsmechanismus aus. Und da sich das ihnen übertragende Mandat hinsichtlich der auszuführenden Arbeit überschneidet und teilweise doppelt, entstehen Effektivitätsverluste bedingt durch Koordinationsschwierigkeiten der beiden Überwachungsorgane (ACGA, 2018b; Blaurock, 2009; Farag & Mallin, 2017; Lee, 2019). Ein anderer Aspekt, der hiermit in Verbindung steht, basiert auf den von Farag und Mallin (2017) durchgeführten Untersuchungen, die belegen, dass die Erhöhung des Anteils von unabhängigen Vorstandsmitgliedern eine subsistierende Wirkung auf die Größe des AR hat. Aus diesem Grund ist dem AR seine in der Theorie bestehende wichtige CG-Funktion in der Praxis des chinesischen Two-Tier System versagt (Shen, Zhou & Lau, 2016). Daher wird von Lee (2019) der Vorschlag unterbreitet, den AR als alleinbestehendes Überwachungsorgan aufzulösen und in die Funktion der unabhängigen Vorstandsmitglieder zu integrieren.

Die Zusammenstellung der gewonnenen Erkenntnisse aus der Vergleichsanalyse in 4.3.1 und 4.3.2 sowie die aufgeführten Kritikpunkte in 4.3.3 und 4.3.4 zeigt, dass die CSRC den CCGK eingehender überprüfen sollte und sowohl allgemeine als auch substanzielle Änderungen anregen sollte, um insbesondere mit internationalen Trends in der CG Schritt zu halten und den Stakeholder-Anforderungen an den CCGK mit Substanz zu entsprechen.

5 Handlungsempfehlungen zur Evolution des CCGK

An dieser Stelle werden der CSRC Handlungsempfehlungen zur künftigen Überarbeitung des CCGK ausgesprochen. Die dabei empfohlenen Maßnahmen betreffen sowohl allgemeine Eckpunkte des CCGK als auch substanzielle Regelungen des CCGK, die nach Ansicht des Verfassers die CG der Börsenunternehmen in China insgesamt verbessert und in der Folge die belegbaren Akzeptanzprobleme des CCGK abmildern sowie für internationale Anleger das häufig wenig vertraute chinesische Two-Tier System verständlicher machen. Einen inhaltlichen Überblick über den weiteren Verlauf des Kapitels liefert Abbildung 9.

Allgemeine Empfehlungen	Substanzielle Empfehlungen
01 Überarbeitung der formalen Gestaltung	01 Einbezug der G20/OECD-Grundsätze der CG weiterhin als Orientierungsrahmen
02 Festlegung eines regelmäßigen Aktualisierungsturnusses	02 Erklärung der Funktion und Rolle des Parteiausschusses in der CG des Börsenunternehmens
03 Integrierung der in §§ 6 und 97 des CCGK genannten Richtlinien anderer Institutionen in den CCGK	03 Einführung des Comply-or-Explain-Ansatzes
04 Verankerung der Anwendungspflicht des CCGK im GesG	04 Einführung des Ethikausschusses und des Whistle-Blower Ansatzes
05 Präzisierung der inhaltlichen Ausführungen	05 Einführung von Malus-Regelungen und Clawback-Klauseln
	06 Ausweitung der Informationsoffenlegung: • Einführung eines Registers zur Offenlegung der von unabhängigen Vorstandsmitgliedern und AR-Mitgliedern zeitgleich besetzten Mandate • Aktivitäten des Parteiausschusses • Diversität
	07 Einführung differenzierter Faktoren zur Förderung der Diversität
	08 Ausweitung der Regelungen in Bezug auf die unabhängigen Vorstandsmitgliedern: • Einführung des Vorsitzenden-Postens • Erhöhung der Unabhängigkeitsquote im Vorstands
	09 Stärkung der Position des AR und klarstellende Ausführungen zur Zusammenarbeit mit den unabhängigen Vorstandsmitgliedern

Abbildung 9: Handlungsempfehlungen zur Überarbeitung des CCGK in der Gesamtdarstellung (Eigene Darstellung)

01) Allgemeine Empfehlungen

Erstens ist nach Ansicht des Verfassers dem CCGK ein Inhaltsverzeichnis voranzustellen, um dem Anwenderkreis eine erste inhaltliche Orientierung zu ermöglichen. Anschließend sollte dem Inhaltsverzeichnis anstelle des ersten Kapitels des aktuellen CCGK wieder eine Präambel folgen, um Konformität mit anderen CG-Codes herzustellen, was die Abfolge der einzelnen Kapitel betrifft. Die Präambel sollte den Inhalt von Kapitel eins vorstellen, den Anwendungscharakter der Paragraphen erläutern sowie Stellung zur chinesischen Sonderform des Two-Tier Systems nehmen, um internationalen Investoren das chinesischen CG-System verständlicher zu machen. Weiterhin sollte die Lesbarkeit des CCGK verbessert werden, indem stilistische Textanpassungen vorgenommen werden. Konkret sollte jedem Paragraphen ein entsprechender Hinweis auf den jeweiligen Anwendungscharakter vorangestellt werden, wodurch sich die Übersichtlichkeit und Struktur des CCGK verbessert.[119]

Zweitens sollte der CCGK künftig in regelmäßigen Zeitabständen aktualisiert werden. Der mögliche Aktualisierungsturnus könnte z. B. an den 5. Jahresplan angelehnt sein oder anlassbezogen bei gegebenem regulatorischem Bedarf erfolgen. Mit so einem Vorgehen signalisiert die CRSC dem Anwenderkreis, die CG in China regelmäßig weiterentwickeln zu wollen.

Drittens sollte im CCGK künftig darauf verzichtet werden, auf andere CG-Richtlinien zu referenzieren. Stattdessen empfiehlt der Verfasser dieser Arbeit die Integrierung der in §§ 6 und 97 genannten Richtlinien in den CCGK, sodass dieser das gesamte Spektrum der relevanten CG-Bestimmung in China beinhaltet, um so den Status des maßgebliche CG-Rahmenwerks einzunehmen und ausländischen sowie inländischen Investoren eine bessere Orientierung hinsichtlich der umzusetzenden Regelungen zu bieten.

Viertens sollte die Anwendungspflicht des CCGK im GesG verankert werden, um die Praxisrelevanz des CCGK zu maximieren. In der Folge kann die aktuelle noch bestehende „Anwendungspflicht durch die Hintertür" in Gestalt des § 6 aus dem CCGK entfernt werden. Gleichwohl sollte die Überprüfung der Einhaltung des CCGK von Börsenunternehmen weiterhin der CSRC obliegen. Dieses Vorgehen könnte insgesamt für mehr Vertrauen in die chinesische CG sorgen, da die Anwendung des CCGK gesetzlich verankert wäre.

Letztlich sollten künftig präzise und verständliche Regelungen im CCGK enthalten sein, sodass die Umsetzung der einzelnen Paragraphen erleichtert wird.

---

[119] In Bezug auf die stilistischen Textanpassungen nennt der Verfasser dieser Arbeit den DCCK als Idealbeispiel, der unter folgender Website abrufbar ist: https://www.dcgk.de//files/dcgk/usercontent/de/download/kodex/191216_Deutscher_Corporate_G overnance_Kodex.pdf.

Erstens sollten im Rahmen der nächsten Überarbeitung des CCGK die G20/OECD-Grundsätze der CG weiterhin eine zentrale Rolle einnehmen und von der CSRC berücksichtigt werden. Allerdings ist es nach Ansicht des Verfassers ratsam, dass sich die CSRC nicht ausschließlich auf die G20/OECD-Grundsätze der CG fokussiert, sondern vielmehr eigene innovative Lösungen entwickelt, um die Kernproblematik der chinesischen CG, die sich im Wesentlichen im Konflikt zwischen dem Mehrheitsaktionär und den Minderheitsaktionären spiegelt, zu adressieren. Zusätzlich sollte die CSRC in Anbetracht der absehbaren globalwirtschaftlichen Führungsrolle Chinas durch eine grundlegende Überarbeitung des CCGK China zum Vorreiter für eine gute CG in asiatischen Raum machen und sich in der Folge mittelfristig auch im Bereich der CG als Gegenwicht zu den USA etablieren.

Zweitens sollte die CSRC in der Präambel auf die Funktion und Rolle des Parteiausschusses in der CG des Börsenunternehmens detailliert eingehen, um diese chinesische CG-Einzigartigkeit für internationale Investoren verständlicher zu machen.

Drittens sollte der *Comply-or-Explain-Ansatz* als Enforcement-Mechanismus im CCGK eingeführt werden. Dieses Vorgehen würde ein Novum in der chinesischen CG-Unternehmensberichterstattung darstellen und sollte sich positiv auf die Transparenz und das Vertrauen in die chinesische CG auswirken. Dazu sollte die CSRC zunächst festlegen, auf welche konkrete Regelungenkategorie[120] sich der *Comply-or-Explain-Ansatz* bezieht. In der Praxis würden dann etwaige Abweichungen von den CG-Bestimmungen des CCGK vom Börsenunternehmen offengelegt werden, sodass Investoren die CG-Praktiken des Börsenunternehmens nachvollziehen und entsprechend in ihren Entscheidungen berücksichtigen können. In der Konsequenz würde sich die Praxisrelevanz des CCGK steigern.

Viertens sollte neben den im CCGK genannten Fachausschüssen ebenfalls die Einrichtung eines Ethikausschusses als integraler Bestandteil der chinesischen CG empfohlen werden, um grundsätzlich dem Thema Ethik und Moral im CCGK

---

[120] Im aktuellen CCGK finden sich Paragraphen mit einem empfehlenden und anregenden Charakter. Zusätzlich sind im CCGK klarstellende Paragraphen enthalten wie z. B. der § 5, der von allen Börsenunternehmen umgesetzt werden muss.

Gewicht zu geben. Hiermit gepaart sollte der CCGK von Börsenunternehmen die Installierung eines *Whistleblower-Kanals* fordern, um potentielle Täter abzuschrecken und unmoralische oder kriminelle Handlungen zu erschweren.

Fünftens sollten im CCGK *Malus-Regelungen* und *Clawback-Klauseln* integriert werden, damit sich das Börsenunternehmen bei Gesetzesverstößen eines Vorstandsmitglieds oder AR-Mitglieds absichern kann, indem es einen Teil der Vergütung einbehält oder zurückfordern kann.

Sechstens sollte künftig im Bereich der Informationsoffenlegung des CCGK substanziell nachgerüstet werden. Der Verfasser dieser Arbeit empfiehlt die Einführung eines Registers zur Offenlegung der von unabhängigen Vorstandsmitgliedern und AR-Mitgliedern zeitgleich besetzten Mandate, sodass vor Bestellung des jeweiligen Kandidaten in den Vorstand oder AR abgeschätzt werden kann, ob dieser über ausreichend Zeitressourcen verfügt, um künftige Aufgaben im Sinne des Börsenunternehmens wahrzunehmen. Darüber hinaus sollten Aktivitäten des Parteiausschusses in den Börsenunternehmen offengelegt werden, um aus Sicht des Investors abschätzen zu können, inwiefern der Parteiausschuss sich auf die Wertschöpfung und die CG des Börsenunternehmens auswirkt. Außerdem sollten, um die Diversität im Vorstand und AR zu fördern, den Informationsadressaten die Maßnahmen des Börsenunternehmens, offengelegt werden.

Siebtens sollte die CSRC den Diversitätsbegriff im CCGK um weitere Faktoren wie z. B. das Geschlecht, das Alter und den akademische Grad erweitern, um der Öffentlichkeit zu signalisieren, dass Diversität in den Börsenunternehmen Chinas ernsthaft angegangen wird.

Achtens sollte die CG-Rolle der unabhängigen Vorstandsmitglieder im CCGK gestärkt werden. Hierzu empfiehlt der Verfasser dieser Abschlussarbeit die Schaffung der Position eines Vorsitzenden der unabhängigen Vorstandsmitglieder, der bei der Aufdeckung strafrechtlicher Handlung die Leitung übernimmt und entsprechende Fälle nach innen kommuniziert. Wenn die CSRC die Richtlinie zur Einführung unabhängiger Vorstandsmitglieder in den CCGK integriert, sollte gleichzeitig der Anteil der unabhängigen Vorstandsmitglieder erhöht werden, um eine höhere Unabhängigkeitsquote im Vorstand zu generieren.

Abschließend sollte die CSRC im CCGK die Stellung des AR in der chinesischen CG stärken sowie die bestehenden Interdependenzen im internen Überwachungsmechanismus zwischen dem AR und den unabhängigen Vorstandsmitgliedern adressieren, um die von der fachwissenschaftlichen Literatur benannten kritischen Punkte zu beseitigen.

6 Fazit

Mit Beginn der 2000er Jahre realisierte China einen Qualitätssprung in der CG aufgrund der sukzessiven Harmonisierung der CG-Systeme mit denen des angelsächsischen Raumes. Ein wesentlicher Bestandteil des Internationalisierungskurses war die Veröffentlichung des CCGK im Jahr 2002. Allerdings wurden die Substanz und damit einhergehend die Praxisrelevanz des CCGK seitens der Stakeholder der adressierten Gesellschaften kritisiert. Als Reaktion darauf veröffentlichte die CSRC eine überarbeitete Version des CCGK nach 16-jähriger Überarbeitungspause am 1. Oktober 2018 mit dem Ziel, wesentliche Schwachstellen der Vorgängerversion zu bereinigen.

Nichtsdestotrotz zeigt die aktuelle fachwissenschaftliche Diskussion, dass auch die aktuelle Fassung des CCGK noch Anlass für berechtigte Kritik bietet. Daher hat die in dieser Abschlussarbeit vorgenommene Analyse der aktuellen Version des CCGK im Wesentlichen zu folgendem Ergebnis geführt: Erstens zeigte die Vergleichsanalyse mit den G20/OECD-Grundsätzen der CG, dass sich die CSRC bei der Überarbeitung des CCGK mehr oder minder stark an die G20/OECD CG-Grundsätze gehalten hat, und dass etwaige Unterschiede zwischen beiden Werken vor allem daraus resultieren, den Besonderheiten der chinesischen CG-Praktik im CCGK Rechnung zu tragen. Zweitens werden in der Literatur allgemeine und substanzielle Eckpunkte des CCGK beanstandet. Dort wird grundsätzlich bemängelt, dass der CCGK keinem regelmäßigen Aktualisierungsmechanismus unterliegt, er in seinen Ausführungen unpräzise ist und sich demgemäß seine Anwendung erschwert. Außerdem wird kritisiert, dass der CCGK kein in sich geschlossenes Dokument ist, sondern auf andere CG-Richtlinien der beiden Börsen und zusätzlicher Regulierungsbehörden verweist. Daneben wird aus Sicht marktlibertärer CG-Akteure in China konstatiert, dass die Installierung eines Parteiausschusses (§ 5 CCGK) in den Börsenunternehmen die Verflechtung zwischen der KPC und der Wirtschaft weiter verstärkt und sich dementsprechend die Dysfunktionalität des internen Überwachungsapparates im chinesischen Two-Tier Systems weiter verschärft. Das hat zur Folge, dass die Unabhängigkeit sowie der Status des AR und der unabhängigen Vorstandsmitglieder unterminiert wird.

Basierend auf der Vergleichsanalyse mit den G20/OECD-Grundsätze der CG und den hier vorgelegten Erkenntnissen zur Wahrnehmung der aktuellen Fassung des CCGK im Anwenderkreis werden der CSRC folgende allgemeine und substanzielle Handlungsempfehlungen zur Überarbeitung des CCGK ausgesprochen: Zu den allgemeinen Empfehlungen gehören zunächst die Überarbeitung der formalen Gestaltung des CCGK und die Festlegung eines regelmäßigen Aktualisierungsturnusses, sowie die Integration der in §§ 6 und 97 des CCGK genannten Richtlinien anderer Institutionen in den CCGK. Dazu wird die Verankerung der Anwendungspflicht des CCGK im GesG und eine eingehende Präzisierung der einzelnen Regelungen im CCGK empfohlen. Hinzukommend umfassen die substanziellen Empfehlungen die Forderung an die CSRC, einleitend die Funktion und die Rolle des Parteiausschusses in der CG des Börsenunternehmens zu erklären und zukünftig den *Comply-or-Explain-Ansatz* einzuführen. Zur Stärkung der ethischen und moralischen Kompetenz in der chinesischen CG wird die Implementierung eines Ethikausschusses und eines *Whistleblower-Kanals* empfohlen, sowie zur Disziplinierung bzw. Abschreckung der Top-Manager die Einführung von *Malus-Regelungen* und *Clawback-Klauseln* angeregt. Zusätzlich wird die Ausweitung der Informationsoffenlegungsvorschriften in Bezug auf erstens die Aktivitäten des Parteiausschusses in den Börsenunternehmen, zweitens die Diversität und drittens die zeitgleich besetzten Mandate von unabhängigen Vorstandsmitgliedern und AR-Mitgliedern empfohlen. Zusätzlich wird zur Förderung der Diversität in den Börsenunternehmen die Spezifizierung des Diversitätsbegriffes um weitere Faktoren angeregt. Im Hinblick auf den dysfunktionalen Überwachungsmechanismus des chinesischen Two-Tier Systems wird zur Stärkung der Position der unabhängigen Vorstandsmitglieder die Einführung des Vorsitzenden-Postens, die Erhöhung der Unabhängigkeitsquote im Vorstand sowie die Hinzufügung klarstellender Ausführungen zur Zusammenarbeit des AR mit den unabhängigen Vorstandsmitgliedern nahegelegt.

Die Umsetzung der empfohlenen Maßnahmen sollte nach Ansicht des Verfassers die CG der Börsenunternehmen in China insgesamt verbessern, mit der Folge, die bestehenden Akzeptanzprobleme des CCGK abzumildern sowie internationalen Anlegern das häufig wenig vertraute chinesische Two-Tier System verständlicher zu machen. Gleichwohl weist der Verfasser dieser Abschlussarbeit darauf hin, dass die von ihm unterbreiteten Empfehlungen einen ersten konkreten Maßnahmenkatalog darstellen, auf dem künftig die unterschiedlichen Stakeholder und Forschungsstellen aufbauen könnten.

Anhang

Abbildung 10: Bereinigtes Wirtschaftswachstum in China von 1973 bis 2018
(OECDb, 2019 – StatLink: http://dx.doi.org/10.1787/888933944576)

A. Real GDP growth		
	China	G20
1973	7,760	6,176973114
1974	2,310	0,958336293
1975	8,720	0,516688361
1976	-1,570	4,981265177
1977	7,570	3,873277254
1978	11,667	4,788341306
1979	7,595	4,122359961
1980	7,830	1,191287042
1981	5,115	2,432924953
1982	9,022	0,193004224
1983	10,767	2,512348938
1984	15,192	5,439463348
1985	13,430	4,415842576
1986	8,949	3,553856516
1987	11,659	3,889524897
1988	11,224	4,713319872
1989	4,208	4,000187813
1990	3,918	3,004869519
1991	9,267	2,431790545
1992	14,226	3,064873968
1993	13,887	3,059364013
1994	13,036	4,198639232
1995	10,950	3,541374889
1996	9,924	4,282373517
1997	9,239	4,378889523
1998	7,848	2,371497527
1999	7,663	3,575290643
2000	8,491	4,756457514
2001	8,335	2,220967569
2002	9,135	2,700753503
2003	10,042	3,678276558
2004	10,117	4,812218029
2005	11,398	4,769573831
2006	12,716	5,181890493
2007	14,229	5,345264038
2008	9,651	2,902353644
2009	9,396	-0,359587683
2010	10,639	5,701426952
2011	9,600	4,527427952
2012	7,858	3,57385431
2013	7,755	3,627983473
2014	7,309	3,636550941
2015	6,920	3,484786024
2016	6,700	3,316571381
2017	6,800	3,874169611
2018	6,600	4,062401898

Abbildung 11: Bereinigtes Pro-Kopf Wirtschaftswachstum der VR China von
1990 bis 2017 (OECDb, 2019 – StatLink:
http://dx.doi.org/10.1787/888933944576)

B. GDP per capita at purchasing power parity Level		
	China	G20
1990	986,5683762	0,079153286
1991	1099,052228	0,083657422
1992	1268,27162	0,09366328
1993	1461,610346	0,104573572
1994	1668,580642	0,114839066
1995	1869,46632	0,124286487
1996	2070,771609	0,13230162
1997	2277,206851	0,139614644
1998	2458,630661	0,146915585
1999	2664,485031	0,154736763
2000	2933,314817	0,160578943
2001	3226,848456	0,171555064
2002	3551,663652	0,184108188
2003	3961,273893	0,197709633
2004	4455,205022	0,210230036
2005	5092,559837	0,228212992
2006	5883,719377	0,246485102
2007	6863,981755	0,27265676
2008	7635,072611	0,291337933
2009	8374,432271	0,325963966
2010	9333,124237	0,34836119
2011	10384,3666	0,366169295
2012	11351,06206	0,389504172
2013	12367,96501	0,409454093
2014	13440,47746	0,433648315
2015	14450,09499	0,45878051
2016	15530,63427	0,483195659
2017	16806,74186	0,512041172

Abbildung 12: Chronologische Auflistung wirtschaftlicher Reformmaßnahmen von 1979 bis 2013 (Eigene Darstellung in Anlehnung an Heilmann, 2016).

	Offizielle Formeln zur Kennzeichnung der Wirtschaftsordnung	Wirtschaftliche Reformmaßnahmen
1979-1984	• Planwirtschaft, ergänzt durch Marktelemente	• Landwirtschaftliche Entkollektivierung und Ausbau ländlicher Kleinindustrien • Zulassung privaten Kleingewerbes • Errichtung von Sonderwirtschaftszonen
1984-1988	• Geplante Warenwirtschaft	• Schrittweise Reformen in städtischer Industrie • Mehr Entscheidungsbefugnisse für Betriebsleitungen • Außenwirtschaftliche Öffnung in Küstenregionen
1988-1991	• Der Staat reguliert den Markt, der Markt die Unternehmen • Integration zwischen Planwirtschaft und Marktregulierung	• Verlangsamung der ökonomischen Liberalisierung • Versuche zur Rezentralisierung der Wirtschaftssteuerung • Ökonomische Stabilisierung durch administrativen Kontrollen
1992-1997	• Sozialistische Marktwirtschaft (SMW) mit Dominanz öffentlichen Eigentums	• Inflationsbekämpfung • Beschleunigte ökonomische Liberalisierung, Dezentralisierung, außenwirtschaftliche Öffnung • Neuordnung von Finanz- und Fiskalsystem
1998-2002	• SMW mit „Koexistenz verschiedener Eigentumsformen" • Mit „Integration in den Welthandel" (WTO)	• Reorganisation/Teilprivatisierung von Staatsunternehmen • Reorganisation der Wirtschaftsverwaltung • Aufwertung des Privatsektors • WTO-Beitritt • Vertiefte Weltmarktintegration
2003-2007	• SMW neu ausgerichtet durch „Going Global" und „Einheimische Innovation"	• Globale Investitionen chinesischer Unternehmen • Börsengänge staatlicher Unternehmen • Lockerung des Kapitalverkehrs • Sehr aktive Technologie- und Sozialpolitik
2008-2012	• SMW in „Phase der Revitalisierung"	• Große staatliche Konjunktur-, Kredit-, Investitionsprogramme • Aktive Industriepolitik
seit 2013	• SMW mit „entscheidender Rolle des Marktes"	• Vorbereitung grundlegender institutioneller Reformen inkl. Finanz-/Fiskalsystem • Rechtssystem • Deregulierung

Abbildung 13: Entwicklung des BIP infolge des Coronavirus (OECD, 2020)

OECD Interim Economic Outlook Forecasts, 2 March 2020
Real GDP growth
Year-on-year % change

	2019	2020		2021	
		Interim EO projections	Difference from November EO	Interim EO projections	Difference from November EO
World[1]	2.9	2.4	-0.5	3.3	0.3
G20[1,2]	3.1	2.7	-0.5	3.5	0.2
Australia	1.7	1.8	-0.5	2.6	0.3
Canada	1.6	1.3	-0.3	1.9	0.2
Euro area	1.2	0.8	-0.3	1.2	0.0
Germany	0.6	0.3	-0.1	0.9	0.0
France	1.3	0.9	-0.3	1.4	0.2
Italy	0.2	0.0	-0.4	0.5	0.0
Japan	0.7	0.2	-0.4	0.7	0.0
Korea	2.0	2.0	-0.3	2.3	0.0
Mexico	-0.1	0.7	-0.5	1.4	-0.2
Turkey	0.9	2.7	-0.3	3.3	0.1
United Kingdom	1.4	0.8	-0.2	0.8	-0.4
United States	2.3	1.9	-0.1	2.1	0.1
Argentina	-2.7	-2.0	-0.3	0.7	0.0
Brazil	1.1	1.7	0.0	1.8	0.0
China	6.1	4.9	-0.8	6.4	0.9
India[3]	4.9	5.1	-1.1	5.6	-0.8
Indonesia	5.0	4.8	-0.2	5.1	0.0
Russia	1.0	1.2	-0.4	1.3	-0.1
Saudi Arabia	0.0	1.4	0.0	1.9	0.5
South Africa	0.3	0.6	-0.6	1.0	-0.3

*Abbildung 14: Die chinesische Verschuldungsrate für Q3 2018 im Überblick
(OECD, 2019b - StatLink: http://dx.doi.org/10.1787/888933944614)*

	General government	Households	Non-financial corporations
Indonesia	29,7	16,9	22,9
Mexico	35,7	16,1	26,4
Russia	15,1	16,5	47,2
Turkey	32	16,4	72,3
India	68,8	11,2	45,1
South Africa	56,5	33	38,3
Brazil	86,7	26,7	39,9
Germany	66,5	52,5	55,5
Korea	39,2	96	100
United States	97,8	76,6	74,4
China	47,7	50,3	155,1
Italy	144	41	71,1
United Kingdom	109,7	86,3	84,1
Canada	74,1	100,2	116
Greece	179,9	54,3	58,4
France	111,5	59,1	143,4
Japan	213,2	57,4	100,1

Abbildung 15: ACGA market CG scores (ACGA, 2018a)

Market	Total (%)	Key CG reform themes and questions
1. Australia	71	Bank governance needs overhaul, time for a federal ICAC
2. Hong Kong	60	Going backwards on DCS, about to go forwards on audit regulation
3. Singapore	59	Going backwards on DCS, reform direction reflects contradictory ideas
4. Malaysia	58	Can new government rid the system of corruption and cronyism?
5. Taiwan	56	Moving forward, yet piecemeal reforms hinder progress
6. Thailand	55	Moving forward, yet corruption and decline in press freedom are concerns
=7. India	54	Bank governance needs overhaul, new audit regulator disappoints
=7. Japan	54	Heavy focus on soft law needs to be balanced with hard law reforms
9. Korea	46	Stewardship code gaining traction, but sadly so is DCS
10. China	41	Reinforcement of Party Committees raises numerous questions
11. Philippines	37	CG reform low on the government's priorities, direction unclear
12. Indonesia	34	CG reform low on the government's priorities, direction unclear

Abbildung 16: Personalausstattung chinesischer AR (ACGA, 2018b)

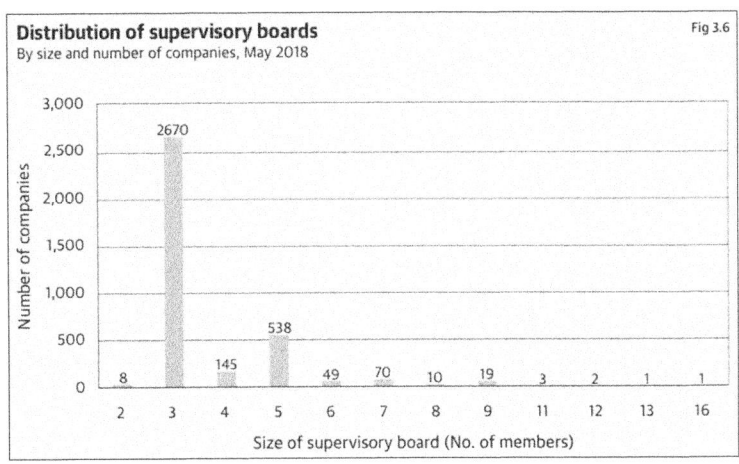

Abbildung 17: Chinesischer Staat als Großaktionär (Eigene Darstellung in Anlehnung Guo, Smallman & Radford, 2013)

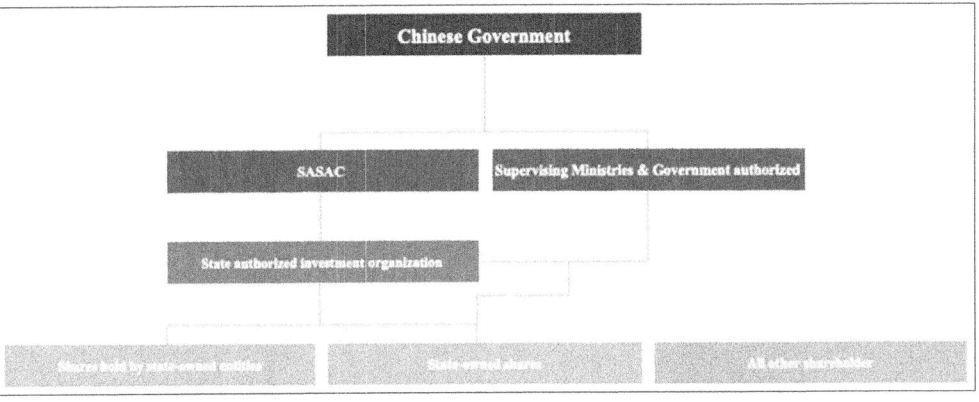

Abbildung 18: Inhaltsgliederung des aktuellen CCGK und der dazugehörigen

Vorgängerversion im Vergleich (Eigene Darstellung)

CCGK in der Fassung vom 07.02.2002	CCGK in der Fassung vom 1. 10.2018
Präambel	Kapitel 1: Allgemeine Grundsätze
Kapitel 1: Aktionäre und Hauptversammlung	Kapitel 2: Aktionäre und Hauptversammlung
Kapitel 2.1: Aktionärsrechte	*Kapitel 2.1: Aktionärsrechte*
Kapitel 2.2: Regeln für die Hauptversammlung	*Kapitel 2.2: Regeln für die Hauptversammlung*
Kapitel 2.3: Transaktionen zwischen verbundenen Parteien	Kapitel 3: Vorstandsmitglieder und das Vorstandsorgan
Kapitel 2: Börsennotiertes Unternehmen und zugehöriger Mehrheitsaktionär	*Kapitel 3.1: Wahl und Ernennung der Vorstandsmitglieder*
Kapitel 2.1: Verhaltenskodex für Mehrheitsaktionäre	*Kapitel 3.2: Pflichten und Verantwortlichkeiten der Vorstandsmitglieder*
Kapitel 2.2: Unabhängigkeit des börsennotierten Unternehmens	*Kapitel 3.3: Zusammensetzung und Aufgaben des Vorstandsorgans*
Kapitel 3: Vorstandsmitglieder und das Vorstandsorgan	*Kapitel 3.4: Geschäftsordnung des Vorstandsorgans*
Kapitel 3.1: Wahlvorgang von Vorstandsmitgliedern	*Kapitel 3.5: Unabhängige Vorstandsmitglieder (Outside-Directors)*
Kapitel 3.2: Pflichten und Verantwortlichkeiten der Vorstandsmitglieder	*Kapitel 3.6: Fachausschüsse des Vorstandsorgans*
Kapitel 3.3: Zusammensetzung und Aufgaben des Vorstandorgans	Kapitel 4: Aufsichtsratsmitglieder und das Aufsichtsratsorgan
Kapitel 3.4: Geschäftsordnung des Vorstandorgans	Kapitel 5: Leitende Angestellte, Anreiz- und Disziplinarsysteme
Kapitel 3.5: Unabhängige Vorstandsmitglieder (Outside-Directors)	*Kapitel 5.1: Leitende Angestellte*
Kapitel 3.6: Fachausschüsse des Vorstandorgans	*Kapitel 5.2: Leistungsbewertung*
Kapitel 4: Aufsichtsratsmitglieder und das Aufsichtsratsorgan	*Kapitel 5.3: Vergütung und Anreize*
Kapitel 4.1: Pflichten und Verantwortlichkeiten der Aufsichtsratsmitglieder	Kapitel 6: Mehrheitsaktionäre, nahestehende Parteien und börsennotierte Unternehmen
Kapitel 4.2: Zusammensetzung und Aufgaben des Aufsichtsratsorgan	*Kapitel 6.1: Verhaltenskodex für Mehrheitsaktionäre und nahestehende Parteien*
Kapitel 5: Leistungsbewertungen und Anreiz- und Disziplinarsysteme	*Kapitel 6.2: Unabhängigkeit des börsennotierten Unternehmens*
Kapitel 5.1: Leistungsbewertung der Vorstands-, AR-Mitglieder und leitender Angestellter	*Kapitel 6.3: Transaktionen zwischen verbundenen Parteien*
Kapitel 5.2: Rekrutierung leitender Angestellter	Kapitel 7: Institutionelle Anleger und andere kapitalverwaltende Institutionen
Kapitel 6: Stakeholder	Kapitel 8: Stakeholder, Umweltschutz und soziale Verantwortung
Kapitel 7: Offenlegung und Transparenz von Informationen	Kapitel 9: Offenlegung und Transparenz von Informationen
Kapitel 7.1: Offenlegung laufender Informationen börsennotierter Unternehmen	Kapitel 10: Ergänzende Bestimmungen
Kapitel 7.2: Offenlegung von Informationen zur Corporate Governance	
Kapitel 7.3: Offenlegung von Aktionärsrechten und -interessen	
Kapitel 8: Ergänzender Paragraph	

Literaturverzeichnis

Adams, R. B., Hermalin, B. E., & Weisbach, M. S. (2010). The role of boards of directors in corporate governance: A conceptual framework and survey. *Journal of Economic Literature*, 48(1), 58-107.

Adithipyangkul, P., Alon, I., & Zhang, T. (2009). Executive perks: Compensation and corporate performance in China. *Asia Pacific Journal of Management*, 28(2), 401–425.

Asian Corporate Governance Association (2018a, 04.04.2020). Hard decisions – Asia faces tough choices in cg reform. *CG Watch 2018*, abgerufen von https://www.acga-asia.org/cgwatch-detail.php?id=362.

Asian Corporate Governance Association (2018b, 01.05.2020). Awakening governance: The evolution of corporate governance in China. *ACGA China CG Report 2018*, abgerufen von https://www.acga-asia.org/advocacy-detail.php?id=158&sk=&sa=.

Audit Committee Institute e.V. (2014, 03.04.2020). Die Welt der Corporate Governance: China. *Audit Committee Quarterly – Das Magazin für Corporate Governance*, abgerufen von https://audit-committee-institute.de/media/aci_s_china.pdf.

Bai, C. E., Liu, Q., Lu, J., Song, F. M., & Zhang, J. (2004). Corporate governance and market valuation in China. *Journal of Comparative Economics*, 32(4), 599-616.

Blaurock, U. (2009). Die neue „Corporate Governance" im chinesischen Gesellschaftsrecht. Ein Kommentar aus deutscher Sicht. *Zeitschrift für Chinesisches Recht,* 16(1), 1-6.

Block, D., & Gerstner, A. M. (2016). One-tier vs. two-tier board structure: A comparison between the United States and Germany. Comparative corporate governance and financial regulation, *Paper 1*. Abgerufen von http://scholarship.law.upenn.edu/fisch_2016/1.

Bottenberg, K., Tuschke, A., & Flickinger, M. (2017). Corporate governance between shareholder and stakeholder orientation: Lessons from Germany. *Journal of Management Inquiry*, 26(2), 165-180.

Cai, J., Li, Y., & Xia, L. (2007). What will privatization bring: The non-tradable share issue reform in China. *SSRN Electronic Journal*, 1-23. Abgerufen von http://dx.doi.org/10.2139/ssrn.981682.

Cain, M. D., McKeon, S. B., & Solomon, S. D. (2017). Do takeover laws matter? Evidence from five decades of hostile takeovers. *Journal Financial Economics*, 124 (3), 464–485.

CCGK (2018). Chinesischer Corporate Governance Kodex in der Fassung der Bekanntmachung vom 01.10.2018.

Centre d´Études Prospectives et d´informations internationales (2016, 06.04.2020). China's 13th five-year plan. In pursuit of a "moderately prosperous society", abgerufen von http://www.cepii.fr/CEPII/en/publications/pb/abstract.asp?NoDoc=9474.

Chen, D., Samanta, N., & Hughes, J. (2019). Does regulation matter? Changes in corporate governance in China and its impact on financial market growth: an empirical analysis (1995-2014). *Corporate Governance: The International Journal of Business in Society*, 19(5), 985-998.

Chen, G., Firth, M., & Xu, L. (2009). Does the type of ownership control matter? Evidence from China's listed companies. *Journal of Banking and Finance*, 33(1), 171-181.

Chen, V. Z., Li, J., & Shapiro, D. M. (2011). Are OECD-prescribed "good corporate governance practices" really good in an emerging economy? *Asia Pacific Journal of Management*, 28(1), 114-138.

Clarkson, M. (1995). A stakeholder framework for analysing and evaluating corporate social performance. *Academy of Management Review*, 20(1), 92-117.

CSRC (2019, 02.05.2020). Guidelines for articles of association of listed companies (2019 Revision), abgerufen von http://www.csrc.gov.cn/pub/csrc_en/laws/rfdm/DepartmentRules/201904/P0 20190430549564730317.pdf.

Deloitte (2019, 01.07.2020). Women in the boardroom. A global perspective – 6th Edition, abgerufen von https://www2.deloitte.com/global/en/pages/risk/articles/women-in-the-boardroom-global-perspective.html.

Denis, D. K., & McConnell, J. J. (2003). International corporate governance. *Journal of Financial and Quantitative Analysis*, 38(1), 1-36.

Deutsche Bundesbank (2018, 11.04.2020). Die Neuausrichtung der chinesischen Wirtschaft und ihre internationalen Folgen, abgerufen von https://www.bundesbank.de/resource/blob/752104/5e34001597d1694ea799 9fb2307a8756/mL/2018-07-china-data.pdf.

Dixon, R., Guariglia, A., & Vijayakumaran, R. (2017). Managerial ownership, corporate governance, and firms' exporting decisions: Evidence from Chinese listed companies. *European journal of finance*, 23(7-9), 802-840.

Du Plessis, J. J., Großfeld, B.; Saenger, I., & Sandrock, O. (2012). An overview of german business or enterprise law and the one-tier and two-tier board systems contrasted. In: du Plessis, J.J., et al. (Hrsg.), *German corporate governance in international and european Context* (S. 1-14). 2. Aufl. Berlin: Springer-Verlag.

Farag, H., & Mallin, C. (2016). The impact of the dual board structure and board diversity: Evidence from Chinese initial public offerings (IPOs). *Journal of Business Ethics*, 139 (2), 333–349.

Farag, H., & Mallin, C. (2017). Monitoring corporate boards: evidence from China. *The European Journal of Finance*, 25(6), 524-549.

Feinerman, J. V. (2007). New hope for corporate governance in China? *The China Quarterly*, Vol. 191, 590-612.

Freeman, R. E., & McVea, J. (2001). A stakeholder approach to strategic management. *Working Paper*, No. 01-02. Abgerufen von http://papers.ssrn.com/paper.taf?abstract_id=263511.

Friedman, M. (1962). *Captalism and freedom*. Chicago, USA: The University of Chicago Press.

FTSE Russel (2019, 22.04.2020). Guide to chinese share classes, abgerufen von https://research.ftserussell.com/products/downloads/Guide_to_Chinese_Sha re_Classes.pdf.

German Institute of Global and Area Studies (2013, 11.04.2020). Weichenstellung für Systemerhalt: Reformbeschluss der Kommunistischen Partei Chinas, abgerufen von https://www.giga-hamburg.de/de/system/files/publications/gf_asien_1310.pdf.

German Institute of Global and Area Studies (GIGA) (2018, 10.04.2020). Making china great again – Xi Jinpings Abschied von der Reformära, abgerufen von https://www.giga-hamburg.de/de/system/files/publications/gf_asien_1802.pdf.

Gill, I. S., & Kharas, H. (2015). The middle-income trap turns ten. Policy Research Working Paper, WPS 7403. Abgerufen von http://documents.worldbank.org/curated/en/291521468179640202/The-middle-income-trap-turns-ten.

Gillian, S. L. (2006). Recent developments in corporate governance: A review. *Journal of Corporate Finance*, 12(3), 381-402.

Gottwald, J. C. (2018). Die Wirtschaft der Volksrepublik China. In: Kerwer, J., & Röming, A. (Hrsg.), *Die Volksrepublik China – Partner und Rivale* (S. 63-106). Wiesbaden: Hessische Landeszentrale für politische Bildung.

GR (2018). Gesellschaftsrecht der Volksrepublik China in der Fassung vom 29.12.1993 mit allen späteren Änderungen in der Fassung vom 26.10.2018.

Groves, T., Hong, Y., McMillan, J., & Naughton, B. (1994). Autonomy and incentives in chinese state enterprises. *The Quarterly Journal of Economics*, 109(1), 183-209.

Guo, L., Smallman, C., & Radford, J. (2013). A critique of corporate governance in China. *International Journal of Law and Management*, 55(4), 257-272.

Heilmann, S. (2016). Das politische System der Volksrepublik China. 3. Aufl. Wiesbaden: Springer.

Hinterhuber, H. H., Matzler, K., Renzl, B., & Pechlander, H. (2003). Coporate Governance - Stakeholder oder Shareholder Value? *Economic Thought*, Vol. 6, 74-77.

Ho S. S. M. (2008). The chinese national system of corporate governance. In: Naciri, A. (Hrsg.), *Corporate Governance Around the World* (S. 230-258). Oxon: Routledge.

Hopt, K. J. (2011). Comparative corporate governance: The state of the art and international regulation. *Law Working Paper*, No. 170/2011. Abgerufen von http://ssrn.com/abstract_id=1713750.

Huang, Z., Li, L., Ma, G., & Xu, L. C. (2017). Hayek, local information, and commanding heights: Decentralizing state-owned enterprises in China. *American Economic Review*, 107(8), 2455-2478.

Huson, M. R., Parrino, R., & Starks, L. T. (2001). Internal monitoring mechanisms and CEO turnover: a long-term perspective. *Journal of Finance*, 56(6), 2265–97.

Jensen, M. C., & Meckling, W. H. (1976). Theory of the firm: Managerial behavior, agency costs, and ownership structure. *Journal of Financial Economics*, 3(4), 305-360.

Jiang, F., & Kim, K. A. (2015). Corporate governance in China: A modern perspective. *Journal of Corporate Finance*, Vol. 32, 190-216.

Jiang, F., & Kim, K. A. (2020). Corporate governance in China: A survey. *Review of Finance*, Vol. 24, 1-40.

Jiang, G., Lee, C. M. C., & Yue, H. (2009). Tunneling through inter-corporate loans: The China experience. *Journal of Financial Economics*, 98(1), 1-20.

Kang, S. Y. (2017). The independent director system in China: Weaknesses, dilemmas, and potential silver linings. *Tsinghua China Law Review*, 9(2), 151-185.

Kato, T., & Long, C. (2006). Executive compensation, firm performance, and corporate governance in China: Evidence from firms Listed in the Shanghai and Shenzhen stock exchanges. *Economic Development and Cultural Change*, 54(4), 945-983.

Keay, A., & Zhao, J. (2018). Transforming corporate governance in chinese corporations: A journey, not a destination. *Northwestern Journal of International Law & Business*, 38(2), 187-232.

Kuck, D. (2006). *Aufsichtsräte und Beiräte in Deutschland: Rahmenbedingungen, Anforderungen, professionelle Auswahl.* 1. Aufl. Wiesbaden: Gabler.

La Porta, R., Lopez-de-Silanes, F., & Shleifer, A. (1999). Corporate ownership around the world. *Journal of Finance*, 54(2), 471-517.

La Porta, R., Lopez-de-Silanes, F., Shleifer, A., & Vishny, R. W. (1998). Law and finance. *Journal of Political Economy*, 106(6), 1113-1155.

La Porta, R., Lopez-de-Silanes, F., Shleifer, A., & Vishny, R. W. (2000). Agency problems and dividend policies around the world. *Journal of Finance*, 55(1), 1-33.

Lawinfochina (2020, 27.05.2020). Securities law of the People's Republic of China (2019 revision), abgerufen von http://www.lawinfochina.com/display.aspx?id=232d900fee986077bdfb&lib =law&EncodingName=big5.

Lee, P. C. (2019). Chinese supervisory board and audit committee - the comparison of two cases. *International Journal of Finance and Accounting*, 8(1), 1-22.

Lehmann, E. E. (2018). Corporate Governance. *UO-Working-Paper*, Series 01-18. Abgerufen von https://papers.ssrn.com/sol3/papers.cfm?abstract_id=3299334.

Li, W., Xu, Y., Niu, J., & Qiu, A. (2012). A survey of corporate governance: international trends and China's mode. *Nankai Business Review*, 3(1), 4-30.

Lin, K. J., Lu, X., Zhang, J., & Zheng, Y. (2020). State-owned enterprises in China: A review of 40 years of research and practice. *China Journal of Accounting Research*, 13(1), 31-55.

Lin, L. (2019). Code of Corporate Governance: Lessons from Singapore to China. *Company Lawyer*, 40(7), 227-236. Abgerufen von https://ssrn.com/abstract=3423822.

Lin, T. W. (2004). Corporate governance in China: Recent developments, key problems, and solutions. *Journal of Accounting and Corporate Governance*, Vol. 1, 1-23.

Liu, S. (2005). Corporate governance and development: The case of China. *Managerial and Decision Economics*, 26(7), 445-449.

Liu, Y., Miletkov, M. K., Wei, Z., & Yang, T. (2015). Board independence and firm performance in China. *Journal of Corporate Finance*, Vol. 30, 223–244.

Ma, J., & Khanna, T. (2016). Independent directors dissent on boards: Evidence from listed companies in china. *Strategic Management Journal*, Vol. 37(8), 1547-1557.

Mercator Institute for China Studies (Merics) (2019, 10.04.2020). Evolving made in China 2025. China´s industrial policy in the quest for global tech leadership, abgerufen von https://www.merics.org/sites/default/files/2019-07/MPOC_8_MadeinChina_2025_final_3.pdf.

Morck, R., & Yeung, B. (2014). Corporate governance in China. *Journal of Applied Corporate Finance*, 26(3), 20-41.

Mutlu, C. C., Van Essen, M., Peng, M. W., Saleh, S. F., & Duran, P. (2018). Corporate governance in China: A meta-analysis. *Journal of Management Studies*, 55(6), 944-979.

Naughton, B. (2017). Is China socialist? *Journal of Economic Perspectives*, 31(1), 3-24.

Nolan, P. H. (2005). China at the crossroads. *Journal of Chinese Economic and Business Studies*, 3(1), 1-22.

OECD (2011, 14.04.2020). Corporate governance of listed companies in China: Self-assessment by the China Securities Regulatory Commission, *OECD Publishing*, abgerufen von http://dx.doi.org/10.1787/9789264119208-en.

OECD (2015, 03.04.2020). G20/OECD-Grundsätze der Corporate Governance. *OECD Publishing*, abgerufen von http://dx.doi.org/10.1787/9789264250130-de.

OECD (2019a, 01.04.2020). OECD corporate governance factbook 2019. *OECD Publishing*, abgerufen von www.oecd.org/corporate/corporate-governance-factbook.htm.

OECD (2019b, 09.04.2020). OECD economic surveys: China 2019. *OECD Publishing*, abgerufen von https://read.oecd-ilibrary.org/economics/oecd-economic-surveys-china-2019_eco_surveys-chn-2019-en#page1.

OECD (2020, 09.04.2020). OECD interim economic assessment. Coronavirus: The world economy at risk. *OECD Publishing*, abgerufen von https://www.oecd-ilibrary.org/docserver/7969896b-

en.pdf?expires=1585931508&id=id&accname=guest&checksum=5BD7143
5BC4404CAAFCFD3BA754D478B.

Ogden, S., & Watson, R. (1999). Corporate performance and stakeholder management: Balancing shareholder and customer interests in the UK privatized
water industry. *Academy of Management Journal*, 42(5), 526-538.⌐SEP⌐

Paetzmann, K. (2008). *Corporate Governance: Strategische Marktrisiken, Con-
trolling, Überwachung*. Heidelberg: Springer.

Peng, W. Q., Wei, K. C. J., & Yang, Z. (2011). Tunneling or propping: Evidence
from connected transactions in China. *Journal of Corporate Finance*, 17(2),
306-325.

Pißler, K. B. (2002). Corporate Governance in der VR China. *Newsletter der
Deutsch-Chinesischen Juristenvereinigung*, 9(3), 130-143.

Poeschl, H. (2013). *Strategische Unternehmensführung zwischen Shareholder-
Value und Stakeholder-Value*. 1. Aufl. Wiesbaden: Gabler.

Preston, L. E., & Sapienza, H. J. (1990). Stakeholder management and corporate
performance. *The Journal of Behavioral Economics*, 19(4), 361-375.

Qian, Y. (2000). The process of China's market transition (1978-1998): The evo-
lutionary, historical, and comparative perspectives. *Journal of Institutional
and Theoretical Economics*, Vol. 156, 151-171.

RAND (2008, 19.04.2020). Chinese corporate governance: History and institutional framework, abgerufen von
https://www.rand.org/pubs/technical_reports/TR618.html.

Rappaport, A. (1986). *Creating shareholder value*. New York, USA: The Free
Press.

Regierungskommission Deutscher Corporate Governance Kodex (RDCGK)
(2020, 02.07.2020). Kodex (Frühere Fassungen), abgerufen von
https://www.dcgk.de/de/kodex/archiv.html.

Sabbaghi, O. (2016). Corporate governance in China: A review. *Corporate Governance: The International Journal of Business in Society*, 16(5), 866-882.

Schmidt, R. H. (2006). Stakeholderorientierung, Systemhaftigkeit und Stabilität der Corporate Governance in Deutschland. *Working Paper Series: Finance & Accounting*, No. 162. Abgerufen von http://hdl.handle.net/10419/23426.

Shan, Y. G., & Round, D. K. (2012). China's corporate governance: Emerging issues and problems. *Modern Asian Studies*, 46(5), 1316-1344.

Shen, W., Zhou, Q., & Lau, C. M. (2016). Empirical research on corporate governance in China: A review and new directions for the future. *Management and Organization Review*, 12(1), 41-73.

Shleifer, A., & Vishny, R. W. (1986). Large shareholders and corporate control. *Journal of Political Economy*, 94(3), 461-488.

Shleifer, A., & Vishny, R. W. (1997). A survey of corporate governance. *The Journal of Finance*, 52(2), 737-783.

Sun, P., Hu, H. W., & Hillman, A. J. (2016). The dark side of board political capital: enabling blockholders rent appropriation. *Academy of Management Journal*, 59(5), 1801-1822.

Tan, C. (2011). The one-tier and two-tier board structures and hybrids in Asia - convergence and what really matters for corporate governance. *SSRN Electronic Journal*, 1-34. Abgerufen von https://papers.ssrn.com/sol3/papers.cfm?abstract_id=2140345.

Tan, L. H., & Wang, J. (2007). Modelling an effective corporate governance system for China's listed state-owned enterprises: Issues and challenges in a transitional economy. *Journal of Corporate Law Studies*, 7(1), 143-183.

Taube, M. (2003). Zyklische Wirtschaftsentwicklung in der VR China: Ein Überblick. In: Reichl, B., Schönherr, S., & Taube, M. (Hrsg.), *Ifo Forschungsberichte: Konjunkturzyklen und Konjunkturforschung in China* (S. 8-35). München: Ifo Institut für Wirtschaftsforschung.

Taube, M. (2014). Grundzüge der wirtschaftlichen Entwicklung und ihre ordnungspolitischen Leitbilder in der VR China seit 1949. *Duisburg Working Papers on East Asian Studies*, No. 96/2014. Abgerufen von https://www.uni-due.de/in-east_former_website/fileadmin/publications/gruen/paper96-2014.pdf.

The Chartered Institute of Management Accountants (2004, 07.04.2020). *Maximising shareholder value – technical report*; abgerufen von https://www.valuebasedmanagement.net/articles_cima_maximizing_shareh older_value.pdf.

The World Bank (2013, 07.04.2020). China 2030. Building a modern, harmonious, and creative society, abgerufen von https://www.worldbank.org/content/dam/Worldbank/document/China-2030-complete.pdf.

Tian, L., & Estrin, S. (2008). Retained state ownership in Chinese PLCs: Does government ownership always reduce corporate value? *Journal of Comparative Economics, 36*(1), 74-89.

Tricker, B. (2019). *Corporate governance. Principles, policies, and practices.* 4. Aufl. Oxford, United Kingdom: Oxford University Press.

Tricker, B., & Li, G. (2019). *Understanding corporate governance in China.* Hong Kong, China: Hong Kong University Press.

VerfR (2004). Verfassung der Volksrepublik China vom 4.12.1982, in der Fassung vom 14.03.2004.

Walsh, J. P., & Seward, J. K. (1990). On the efficiency of internal and external corporate control mechanisms. *Academy of Management Review*, 15(3), 421-458.

Wang, J. (2007). The strange role of independent directors in a two-tier board Structure of China´s listed company. *Compliance & Regulatory Journal*, Vol. 3, 47-55.

Wang, L. (2015). Protection or expropriation: Politically connected independent directors in China. *Journal of Banking and Finance*, Vol. 55, 92–106.

Wei, W., & Muratova, Y. (2020). Executive power and politically connected independent directors: Evidence from China. *Asian Business & Management*, 1-24. Abgerufen von https://link.springer.com/article/10.1057/s41291-020-00104-4.

Weir, C., Laing, D., & McKnight, P. J. (2002). Internal and external governance mechanisms: their impact on the performance of large UK public companies. *Journal of Business Finance and Accounting*, 29(5), 579–611.

Welge, M. K., & Eulerich, M. (2014). *Corporate-Governance-Management. Theorie und Praxis der guten Unternehmensführung.* 2. Aufl. Wiesbaden: Gabler.

Wong, T. J. (2014). Corporate governance research on listed firms in China: Institutions, governance and accountability. *Foundations and Trends in Accounting*, 9(4), 259-326.

Xing, V. (2003). Corporate governance in People's Republic of China: A new code for listed companies. *Bond Law Review*, 15(1), 376-397.

Xioa, Z. J., Dahya, J., & Lin, Z. (2004). A grounded theory exposition of the role of the supervisory board in China. *British Journal of Management*, Vol. 15, 39-55.

Yang, J., Chi, J., & Young, M. (2011). A review of corporate governance in China. *Asian-Pacific Economic Literature*, 25(1), 15–28.

Ye, Q., & Li, Z. (2017). Do independent directors play a political role? Evidence from independent directors' death events. *China Journal of Accounting Research*, 10(4), 295-316.

Young, M. N., Peng, M. W., Ahlstrom, D., Bruton, G. D., & Jiang, Y. (2008). Corporate governance in emerging economies: A review of the principal–principal perspective. *Journal of Management Studies*, 45(1), 196-220.

Yuan, R., Xiao, J. Z, Milonas, N., & Zou, J. H. (2009). The role of financial institutions in the corporate governance of listed Chinese companies. *British Journal of Management*, 20(4), 562-580.

Zhang, W. (2006). China's SOE Reform: A corporate governance perspective. *Corporate Ownership and Control*, 3(4), 132-150.

Zhu, J., Ye, K., Tucker, J. W., & Chan, K. C. (2016). Board hierarchy, independent directors, and firm value: Evidence from China. *Journal of Corporate Finance*, Vol. 41, 262-279.

Zingales, L. (1998). Corporate governance. *The New Palgrave Dictionary of Economics and the Law*, Vol. 1, 497-503.

Zipperling, M. (2012). Das deutsche Modell der Corporate Governance im Vergleich zum monistischen System und zur SE. In: Grundei, J., & Zaumseil, P. (Hrsg.), *Der Aufsichtsrat im System der Corporate Governance: Betriebswirtschaftliche und juristische Perspektive* (S. 28-55). 1. Aufl. Wiesbaden: Gabler.

BEI GRIN MACHT SICH IHR
WISSEN BEZAHLT

- Wir veröffentlichen Ihre Hausarbeit,
  Bachelor- und Masterarbeit

- Ihr eigenes eBook und Buch -
  weltweit in allen wichtigen Shops

- Verdienen Sie an jedem Verkauf

Jetzt bei www.GRIN.com hochladen
und kostenlos publizieren